Microsoft Azure

avanza editorial

Editado por:
EDITORIAL FAE, S.L.U.
Correo electrónico: editorial@editorialfae.com

Microsoft Azure
Beatriz Coronado García

1ª Edición

ISBN: 978-84-1135-400-4

Impreso en España

Índice

Módulo 1. Microsoft Azure

Aplicaciones prácticas

Ejercicio de evaluación final

Solucionario

Bibliografía

Índice

Módulo 1. Microsoft Azure

Introducción

En el contexto actual, la computación en la nube se ha consolidado como una herramienta clave para el desarrollo de soluciones tecnológicas escalables, seguras y adaptables a las necesidades cambiantes de empresas y organizaciones. Microsoft Azure, como una de las principales plataformas de servicios *cloud* a nivel mundial, ofrece un amplio catálogo de herramientas y recursos que permiten implementar, administrar y optimizar proyectos de forma eficiente, garantizando altos niveles de disponibilidad, rendimiento y seguridad.

Este curso proporciona una base sólida sobre los elementos y modelos de servicio que componen el ecosistema de Azure, así como sobre las mejores prácticas para su implantación. A través de un enfoque teórico-práctico, se abordarán aspectos técnicos, normativos y estratégicos que faciliten la correcta utilización de los recursos en la nube, integrando la visión comercial y la atención al detalle como competencias esenciales.

Objetivos

- Identificar los componentes y características principales de los servicios en la nube de Microsoft Azure.
- Analizar los diferentes modelos de servicio de Azure (IaaS, PaaS, SaaS) y su aplicación en entornos reales.
- Evaluar los factores clave de seguridad, privacidad, cumplimiento normativo y confianza en el uso de soluciones cloud.
- Aplicar las herramientas y metodologías necesarias para la implantación de proyectos de computación en la nube en Azure.
- Interpretar las necesidades de los usuarios para elaborar informes y resultados orientados a la toma de decisiones.
- Desarrollar una actitud proactiva y responsable en el manejo de datos personales y recursos cloud.

1. Conocimiento de los elementos que configuran los servicios de la nube

La **computación en la nube** (*cloud computing*) es un modelo de provisión de servicios informáticos que permite acceder a recursos como almacenamiento, procesamiento, redes o aplicaciones a través de Internet, sin necesidad de que estos se encuentren físicamente en las instalaciones del usuario.

Fig. 1. La computación en la nube se basa en la virtualización y en el uso de centros de datos distribuidos, ofreciendo la posibilidad de consumir tecnología como un servicio, de manera flexible y escalable

El concepto de "la nube" no es nuevo, aunque su popularización es relativamente reciente. Durante las décadas de 1960 y 1970, ya existían sistemas centralizados que ofrecían procesamiento remoto a través de terminales conectadas a grandes mainframes. Sin embargo, la limitación tecnológica de la época, especialmente en conectividad, hacía inviable el modelo masivo que conocemos hoy. Fue en los años 90, con la expansión de Internet y la mejora en la capacidad de transmisión de datos, cuando empezaron a surgir servicios accesibles remotamente, aunque todavía de forma rudimentaria.

El verdadero impulso llegó a partir de los años 2000, cuando empresas como Amazon, Google y Microsoft comenzaron a ofrecer infraestructuras y plataformas como servicio. Desde entonces, la nube ha pasado de ser una solución complementaria a convertirse en un elemento esencial para la mayoría de organizaciones, impulsando tendencias como el teletrabajo, el big data, la inteligencia artificial y el Internet de las Cosas (IoT).

Ejemplo

Una empresa de desarrollo de software que antes necesitaba adquirir y mantener servidores propios ahora puede contratar instancias virtuales en la nube, configurarlas en minutos y pagar solo por el tiempo de uso, optimizando así sus costes y recursos.

Aunque la computación en la nube ofrece ventajas evidentes, no siempre sustituye por completo a los sistemas locales. Para comprender mejor sus particularidades, conviene diferenciar ambos enfoques.

Cuando se habla de **servicios locales** (*on-premise*), se hace referencia a infraestructuras que la empresa aloja, gestiona y mantiene en sus propias instalaciones. Esto implica mayor control sobre los recursos, pero también la responsabilidad de adquirir, configurar y actualizar el hardware y el software.

En contraste, la **nube** delega gran parte de esa gestión en un proveedor, que se encarga del mantenimiento, la seguridad y la disponibilidad de los recursos, permitiendo al cliente centrarse en el uso y no en la infraestructura.

Es importante señalar que los criterios se basan en los aspectos que más influyen en la toma de decisiones empresariales: costes, escalabilidad, control, seguridad y mantenimiento.

Para ilustrar las diferencias clave entre ambos modelos, se puede resumir la comparación en la siguiente tabla:

Aspecto	On-premise	En la nube
Costes iniciales	Elevados: inversión en hardware, licencias y espacio físico.	Reducidos: pago por uso y sin compra de hardware.
Escalabilidad	Limitada: requiere adquirir y configurar nuevos equipos.	Alta: ampliación de recursos en minutos.
Control	Total: el cliente gestiona todos los aspectos del sistema.	Parcial: el control se comparte con el proveedor.
Mantenimiento	Interno: requiere personal técnico y actualizaciones constantes.	Externo: el proveedor se encarga de la gestión y actualizaciones.
Seguridad	Depende de la empresa: control total, pero riesgo de obsolescencia.	Gestionada por el proveedor, con certificaciones y auditorías.

 Anotación

En la práctica, muchas organizaciones optan por modelos híbridos, combinando infraestructura local para sistemas críticos y servicios en la nube para aplicaciones y almacenamiento flexibles.

El mercado de la computación en la nube está dominado por unos pocos actores que concentran la mayor cuota global, ofreciendo una amplia gama de servicios y soluciones.

Entre ellos destacan:

- **Amazon Web Services (AWS)**: pionero en servicios cloud, con una extensa gama de productos.
- **Microsoft Azure**: fuerte integración con entornos empresariales y productos Microsoft.
- **Google Cloud Platform (GCP)**: especializado en análisis de datos e inteligencia artificial.
- **IBM Cloud**: orientado a entornos corporativos y soluciones híbridas.
- **Oracle Cloud**: enfocado en bases de datos y soluciones empresariales.

Según informes recientes de cuota de mercado, Microsoft Azure ocupa el segundo lugar a nivel mundial, solo detrás de AWS, y es líder en entornos corporativos que ya utilizan herramientas como Microsoft 365, Windows Server o Active Directory, gracias a su integración nativa y a la confianza que genera en cuanto a cumplimiento normativo y seguridad.

Ejemplo

Una empresa que ya trabaja con Microsoft Teams y SharePoint puede migrar su infraestructura a Azure y beneficiarse de una experiencia unificada, con autenticación integrada mediante Azure Active Directory y gestión centralizada de recursos.

La **arquitectura de un servicio en la nube** define cómo se organizan y coordinan los elementos que permiten ofrecer recursos informáticos a través de Internet. En el caso de Microsoft Azure, esta arquitectura se sustenta en una infraestructura global distribuida, gestionada y optimizada para garantizar disponibilidad, seguridad y rendimiento a escala planetaria.

Microsoft Azure dispone de una de las infraestructuras más extensas del mundo, con más de 60 regiones operativas distribuidas en distintos continentes. Cada región está compuesta por uno o varios centros de datos interconectados mediante redes de alta velocidad, lo que permite ofrecer servicios con baja latencia y alta disponibilidad.

Las regiones están organizadas de manera que los datos se procesen y almacenen lo más cerca posible de los usuarios, reduciendo el tiempo de respuesta y cumpliendo con las normativas locales de protección de datos. Además, Azure implementa zonas de disponibilidad (Availability Zones), que son conjuntos de centros de datos independientes dentro de una misma región, diseñados para ofrecer tolerancia a fallos físicos y lógicos.
Es importante entender que estas infraestructuras no solo sirven para alojar datos, sino también para procesar información, ejecutar aplicaciones y soportar entornos de desarrollo complejos.

Cada una de las zonas de disponibilidad cuenta con su propia infraestructura eléctrica, de refrigeración y de red. Esto significa que, si una de ellas sufre una caída, las demás pueden mantener activos los servicios y garantizar la alta disponibilidad.

Las zonas de disponibilidad suelen estar separadas por varios kilómetros (normalmente hasta 100 km). Gracias a esta distancia, se reduce el riesgo de que un mismo problema afecte a todas a la vez, pero siguen estando lo bastante cerca como para conectarse entre sí con latencias muy bajas mediante la red de alta capacidad de Microsoft.

Para elegir dónde se ubican los centros de datos que forman cada zona, Azure aplica criterios estrictos de evaluación de riesgos (fallos eléctricos, climatológicos, desastres locales, etc.), con el fin de minimizar vulnerabilidades compartidas.

Una región de Azure puede incluir varias zonas de disponibilidad, y cada zona a su vez contiene uno o más centros de datos diseñados para actuar como respaldo entre sí.

El siguiente diagrama muestra ejemplos de regiones en Azure: las regiones 1 y 2 disponen de zonas de disponibilidad, en cambio las regiones 3 y 4 no incluyen este tipo de estructura.

Azure ofrece dos formas principales de desplegar recursos respecto a las zonas:

1. **Servicios con redundancia de zona**
   - Los recursos se distribuyen automáticamente entre varias zonas.
   - Ejemplo: bases de datos que replican su información en varias zonas.
   - Si una zona falla, Microsoft se encarga de redirigir el servicio a otra.

2. **Servicios zonales**
   - El recurso se implementa en una zona concreta.
   - Aporta control sobre el rendimiento y la latencia, pero la resiliencia depende del diseño del cliente.
   - Ejemplo: máquinas virtuales, discos administrados o direcciones IP estándar.
   - Si esa zona falla, es el cliente quien debe mover manualmente la carga a otra zona.

Cuando se combinan varias instancias zonales en distintas zonas, o se configuran recursos redundantes de zona, se logra un recurso resistente a fallos de una zona.

Si no se especifica ninguna zona, el recurso es regional. Esto significa que puede estar en cualquier zona de la región y ser movido por Microsoft según convenga, pero no garantiza tolerancia a fallos de una zona concreta.

Cada centro de datos corresponde a una zona física. En una suscripción de Azure se representan como zonas lógicas (Zona 1, Zona 2, Zona 3). La asignación entre zona física y lógica puede variar según la suscripción. Microsoft proporciona APIs y herramientas (Azure CLI, PowerShell) para verificar cómo se mapean las zonas físicas a las lógicas.

En el diagrama se muestra, por ejemplo, que en la suscripción A la zona física 1 puede corresponderse con la zona lógica 2, mientras que en la suscripción B la zona física 1 se relaciona con la zona lógica 3:

 **Anotación**

Las zonas de disponibilidad son la forma en que Azure proporciona alta disponibilidad y tolerancia a fallos dentro de una región, al distribuir los recursos en centros de datos independientes y conectados con baja latencia. La clave es que los clientes deben diseñar su arquitectura teniendo en cuenta qué servicios son redundantes de zona, cuáles son zonales y cuáles son simplemente regionales.

Elemento	Función principal
Regiones	Ubicaciones geográficas que agrupan centros de datos para ofrecer servicios localizados.
Zonas de disponibilidad	Centros de datos independientes en una misma región para asegurar continuidad operativa.
Red global de Azure	Conexión privada de alta velocidad que interconecta todas las regiones y zonas.

Ejemplo

Una empresa europea que aloja su aplicación en la región "West Europe" (Países Bajos) puede aprovechar una zona de disponibilidad adicional en la misma región para garantizar que, en caso de fallo en un centro de datos, el servicio siga funcionando sin interrupciones.

La **base física** de la nube de Azure está formada por:

- **Hardware de alto rendimiento:** Servidores optimizados para diferentes cargas de trabajo, desde máquinas virtuales generales hasta nodos especializados en inteligencia artificial.
- **Redes internas de alta capacidad:** Conexiones redundantes que permiten el intercambio de datos entre centros de datos y con Internet de manera segura y rápida.
- **Sistemas de almacenamiento diversificados:** Capacidad para ofrecer almacenamiento de objetos, archivos y discos, adaptándose a las necesidades de rendimiento y durabilidad.

Fig. 2. Microsoft emplea tecnologías avanzadas de refrigeración, eficiencia energética y gestión de recursos para reducir el impacto ambiental y optimizar el consumo eléctrico

Para comprender la función de cada componente, podemos describirlo de forma integrada: el hardware ejecuta las cargas de trabajo, la red interconecta recursos y usuarios, y el almacenamiento preserva datos de forma segura, con opciones que varían desde almacenamiento de alta velocidad (SSD) hasta archivado de bajo coste.

 Anotación

La infraestructura de Azure se diseña siguiendo principios de redundancia y resiliencia, de manera que incluso si un componente falla, otro pueda asumir su carga sin interrumpir el servicio.

Uno de los pilares de la nube moderna es la **virtualización**, que permite ejecutar múltiples sistemas operativos y aplicaciones en un mismo servidor físico, optimizando el uso de los recursos y facilitando la escalabilidad. En Azure, la virtualización se materializa principalmente en **máquinas virtuales (VMs)**, que pueden configurarse con diferentes tamaños, sistemas operativos y configuraciones de red.

Complementando la virtualización, los **contenedores** ofrecen una forma más ligera y eficiente de empaquetar y ejecutar aplicaciones. Un contenedor incluye el código y todas sus dependencias, asegurando que la aplicación se ejecute de la misma forma independientemente del entorno.

Azure ofrece servicios específicos para trabajar con estas tecnologías:

- **Azure Virtual Machines** para la virtualización tradicional.
- **Azure Kubernetes Service (AKS)** para la orquestación de contenedores.
- **Azure Container Instances (ACI)** para ejecutar contenedores sin necesidad de administrar servidores.

Conviene resaltar que la adopción de contenedores está creciendo de forma exponencial debido a su rapidez de despliegue y su integración con metodologías DevOps.

 Ejemplo

Un equipo de desarrollo que necesita probar una aplicación en diferentes entornos puede crear contenedores Docker y desplegarlos en Azure Kubernetes Service, asegurando consistencia y reduciendo el tiempo de configuración de entornos.

A continuación, se describen los componentes principales de Azure:

A. Servicios de cómputo

Los **servicios de cómputo** de Azure permiten ejecutar aplicaciones, procesar datos y desplegar soluciones de manera escalable, adaptando los recursos según la demanda. Estos servicios constituyen el núcleo de muchas implementaciones en la nube, ya que proporcionan la potencia de procesamiento necesaria para cualquier carga de trabajo.

1. Máquinas virtuales (Azure Virtual Machines):

- Permiten crear y ejecutar **servidores virtuales** en la nube con sistemas operativos Windows o Linux.
- Se pueden personalizar en tamaño, capacidad de memoria, almacenamiento y número de procesadores virtuales.
- Se utilizan para alojar aplicaciones, bases de datos, entornos de desarrollo o incluso escritorios virtuales.
- Ofrecen alta disponibilidad mediante réplicas en distintas zonas y opciones de escalado vertical y horizontal.

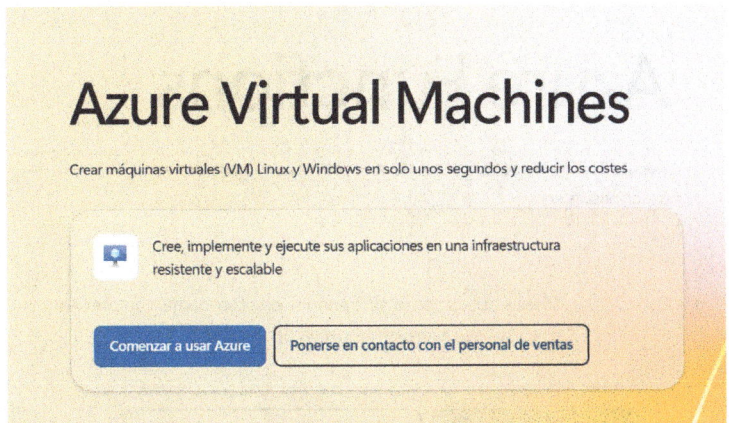

 **Ejemplo**

Una empresa que necesita un servidor web con Windows Server 2022 y 8 GB de RAM puede desplegarlo en minutos a través del portal de Azure y configurarlo para recibir tráfico desde todo el mundo.

2. Azure Functions:

- Servicio de **computación sin servidor (serverless)** que permite ejecutar pequeñas piezas de código bajo demanda, sin necesidad de gestionar servidores.
- Ideal para tareas automatizadas, procesar eventos o integrar aplicaciones.
- Escala automáticamente según el número de solicitudes y solo se paga por el tiempo de ejecución.

Azure Functions

Ejecuta código sin servidor basado en eventos con una experiencia de desarrollo integral

 Diseñe aplicaciones sin servidor en el lenguaje que prefiera mientras se centra en la lógica de negocios.

| Introducción a Azure | Introducción a Azure Functions |

 **Ejemplo**

Una tienda online puede usar Azure Functions para enviar un correo de confirmación cada vez que se registra un nuevo pedido, sin tener que mantener un servidor dedicado para esta tarea.

3. App Services:

- Plataforma para crear, alojar y escalar aplicaciones web y APIs de forma gestionada.
- Compatible con múltiples lenguajes y frameworks como .NET, Java, Node.js, Python o PHP.
- Ofrece integración con bases de datos, autenticación de usuarios, balanceo de carga y despliegues automáticos desde repositorios como GitHub o Azure DevOps.

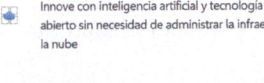

Azure App Service

Cree, implemente y amplíe rápidamente aplicaciones web y API en todo el mundo con una plataforma como servicio (PaaS) totalmente administrada

Innove con inteligencia artificial y tecnología de código abierto sin necesidad de administrar la infraestructura en la nube

[Introducción a Azure]

Ejemplo

Un desarrollador puede publicar una aplicación web construida en Python directamente en Azure App Service y conectarla a una base de datos SQL sin preocuparse por la infraestructura.

B. Servicios de almacenamiento

Azure ofrece diferentes soluciones de **almacenamiento en la nube** para cubrir diversas necesidades de rendimiento, durabilidad y coste. Cada servicio se adapta a un tipo de uso específico:

1. Blob Storage:
- Diseñado para almacenar grandes volúmenes de datos no estructurados como imágenes, vídeos, copias de seguridad o registros.
- Soporta almacenamiento en diferentes niveles (Hot, Cool y Archive) según la frecuencia de acceso.
- Ideal para almacenamiento masivo y distribución de contenido a través de CDN.

Ejemplo

Una empresa de medios puede guardar su biblioteca de vídeos en Blob Storage y distribuirlos a sus usuarios en todo el mundo utilizando la red de entrega de contenidos de Azure.

2. Disk Storage:

- Proporciona discos duros virtuales (HDD o SSD) para su uso con máquinas virtuales.
- Existen opciones estándar y premium según la necesidad de velocidad y rendimiento.
- Se integra directamente con Azure Virtual Machines para alojar sistemas operativos o datos críticos.

Ejemplo

Una base de datos que requiere alta velocidad de lectura/escritura puede alojarse en un disco SSD Premium para mejorar su rendimiento.

3. File Storage:

- Servicio que ofrece **almacenamiento de archivos en la nube accesible mediante protocolos estándar** como SMB y NFS.
- Permite compartir archivos de manera segura entre aplicaciones y usuarios, incluso si están en ubicaciones diferentes.
- Puede integrarse con redes locales a través de Azure File Sync, que sincroniza archivos entre servidores locales y la nube.

Ejemplo

Una empresa con oficinas en varias ciudades puede centralizar todos sus documentos en Azure File Storage y permitir que cada sede acceda a ellos como si estuvieran en un servidor local.

C. Servicios de redes en Azure

Las **redes** son un elemento esencial en cualquier arquitectura cloud, ya que permiten la comunicación segura y eficiente entre recursos, aplicaciones y usuarios. Azure dispone de múltiples soluciones para configurar, proteger y optimizar las comunicaciones.

1. Virtual Networks (VNet):
- Permiten crear redes privadas en Azure, aisladas y configurables, donde se pueden desplegar recursos como máquinas virtuales, bases de datos o aplicaciones.
- Funcionan de forma similar a una red local tradicional, con subredes, direcciones IP, reglas de firewall y control de tráfico.
- Facilitan la conexión segura entre recursos de Azure y redes locales mediante VPN o conexiones dedicadas.

Una empresa puede crear una VNet con subredes separadas para su base de datos y su aplicación web, asegurando que la base de datos no sea accesible desde Internet.

2. Load Balancer:
- Distribuye automáticamente el tráfico de red entrante entre varios recursos para garantizar disponibilidad y rendimiento.
- Puede ser público (recibe tráfico desde Internet) o interno (gestiona tráfico entre recursos dentro de Azure).
- Ayuda a evitar cuellos de botella y a mantener la continuidad del servicio.

Una aplicación web de alta demanda puede usar Load Balancer para distribuir solicitudes entre varias máquinas virtuales, evitando que un solo servidor se sobrecargue.

3. VPN Gateway:

- Permite establecer conexiones seguras cifradas entre redes locales y redes de Azure mediante protocolos VPN estándar.
- Útil para empresas que necesitan extender su infraestructura local a la nube de forma segura.

Una organización con sede central y delegaciones puede conectar su infraestructura a Azure mediante VPN Gateway, integrando así su red local con la nube.

4. ExpressRoute:

- Proporciona una conexión privada y dedicada entre la infraestructura local de una empresa y Azure, sin pasar por Internet.
- Ofrece menor latencia, mayor velocidad y más seguridad que una VPN convencional.
- Ideal para entornos que manejan datos críticos o que requieren transferencias de gran volumen.

Una entidad financiera que necesita enviar datos sensibles a Azure con la máxima seguridad y velocidad puede contratar una conexión ExpressRoute.

Azure ofrece un amplio catálogo de **servicios de bases de datos** que cubren desde sistemas relacionales tradicionales hasta bases de datos distribuidas y NoSQL, permitiendo elegir la mejor opción según el tipo de aplicación y el volumen de datos.

1. Azure SQL Database:

- Base de datos relacional en la nube basada en Microsoft SQL Server.
- Servicio totalmente gestionado, con actualización automática, alta disponibilidad y escalado bajo demanda.

- Compatible con T-SQL y herramientas habituales de SQL Server.

Cree soluciones en SQL rápido, flexible y elástico

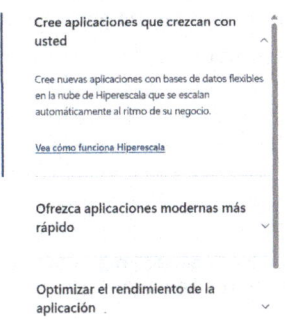

Una empresa que tiene su sistema de gestión ERP en SQL Server local puede migrarlo a Azure SQL Database para reducir costes de mantenimiento y mejorar la disponibilidad.

2. Cosmos DB:

- Base de datos NoSQL globalmente distribuida, diseñada para aplicaciones que requieren baja latencia y escalabilidad masiva.
- Compatible con múltiples modelos de datos: documentos, grafos, columnas y clave-valor.
- Ofrece replicación en múltiples regiones y disponibilidad garantizada del 99,999 %.

Una app móvil con usuarios en distintos continentes puede usar Cosmos DB para asegurar que los datos estén siempre disponibles desde la ubicación más cercana al usuario.´

3. Database for PostgreSQL/MySQL:

- Servicios gestionados para dos de las bases de datos open source más populares.
- Incluyen escalado automático, copia de seguridad y recuperación, y alta disponibilidad.
- Son ideales para desarrolladores que quieren mantener la compatibilidad con sus aplicaciones actuales, pero beneficiarse de la infraestructura de Azure.

Un portal web que actualmente usa MySQL en un servidor local puede migrar a Azure Database for MySQL, reduciendo riesgos de caídas y ganando en rendimiento.

D. Herramientas y recursos de gestión

La gestión de recursos en Microsoft Azure se apoya en un conjunto de herramientas que permiten **crear, configurar, supervisar y automatizar** la infraestructura y los servicios. Estas herramientas cubren distintos perfiles de usuario, desde administradores que prefieren una interfaz gráfica hasta desarrolladores y operadores que trabajan con líneas de comandos o scripts.

El **Azure Portal** es la interfaz gráfica basada en web que permite administrar todos los servicios de Azure desde un solo lugar.

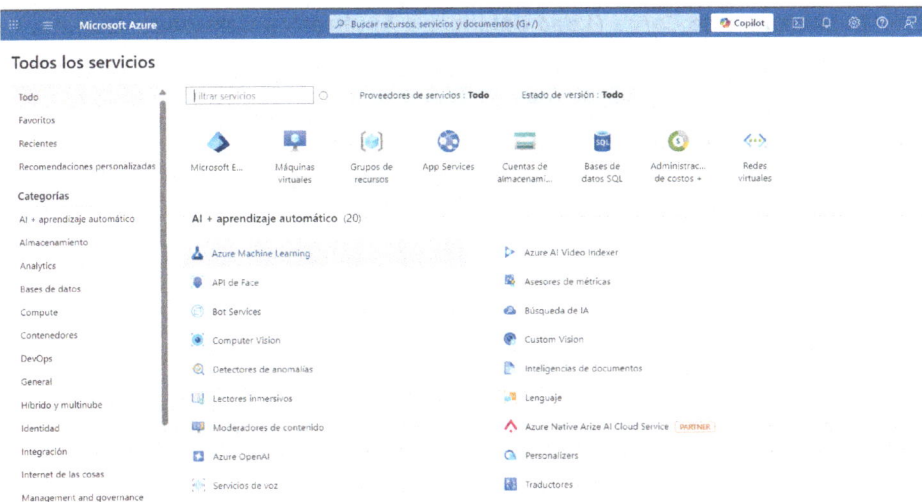

Fig. 3. En Azure Portal se centraliza la gestión de todos los servicios de Azure. Desde el menú izquierdo podemos acceder a Todos los servicios o usar la barra de búsqueda superior

- Está disponible a través de cualquier navegador en https://portal.azure.com.
- Los servicios están organizados por categorías en el menú lateral izquierdo: AI + aprendizaje automático, Almacenamiento, Analytics, Compute, Contenedores, DevOps, etc.). Esto facilita localizar el recurso que se necesita.

En la imagen superior aparecen los servicios directos más usados:

- **Grupo de Recursos:** Agrupa los recursos relacionados para su gestión conjunta (máquinas virtuales, redes, bases de datos). Constituye el primer paso antes del despliegue de servicios.
- **Red Virtual (VNet):** Define el espacio de red en Azure, donde se establece el rango de direcciones IP, las subredes y la conectividad con otras redes.
- **Máquina Virtual (VM)**: En el formulario de creación se especifican el sistema operativo, el tamaño de la máquina virtual, el método de autenticación y la red asociada.

- **Balanceador de Carga (Load Balancer o Application Gateway)**: Distribuye el tráfico entre varias máquinas virtuales. En la configuración se determinan el backend pool y las reglas de tráfico.
- **Monitorización y métricas (Azure Monitor)**: Permite visualizar el uso de CPU, red y memoria de los recursos desplegados, además de configurar alertas automáticas.

Un administrador puede usar el Azure Portal para desplegar una máquina virtual, configurar sus reglas de firewall y asociarla a una red virtual en menos de 10 minutos, sin escribir código.

En **Azure CLI y PowerShell**, aunque el portal web es intuitivo, la administración mediante línea de comandos aporta automatización y rapidez para tareas repetitivas.

- **Azure CLI (Command-Line Interface):**
  - o Herramienta multiplataforma (Windows, macOS, Linux) que permite gestionar Azure con comandos sencillos.
  - o Ideal para scripts y despliegues automatizados.

- **Azure PowerShell:**
  - o Conjunto de módulos para gestionar Azure desde la consola de PowerShell.
  - o Especialmente útil para administradores Windows que ya dominan este entorno.

Lo que aparece en la siguiente captura de pantalla es Azure Cloud Shell:

Dentro de Cloud Shell se puede elegir qué entorno usar:

- **Bash**, que usa Azure CLI.
- **PowerShell**, que usa los módulos de Azure PowerShell.

Ambos están disponibles en Cloud Shell, no necesitas instalarlos en tu PC.

Según lo que se elija, todos los comandos que escribas se interpretarán con la sintaxis de **CLI** o de **PowerShell**.

En resumen:

- Azure CLI = comandos estilo Linux/Bash.
- Azure PowerShell = comandos estilo PowerShell de Windows.
- Azure Cloud Shell = espacio en la nube desde el portal donde puedes usar uno u otro sin instalar nada.

Anotación

El uso de CLI o PowerShell permite integrar la gestión de Azure en scripts que se pueden ejecutar automáticamente como parte de un proceso de DevOps.

El **Azure Resource Manager** es el sistema de gestión que coordina la creación, modificación y eliminación de recursos en Azure.

- Permite trabajar con **grupos de recursos**, que son contenedores lógicos donde se agrupan servicios relacionados.
- Proporciona control de acceso basado en roles (RBAC) para asignar permisos específicos.
- Garantiza que las operaciones sobre recursos sean coherentes y seguras.

En el portal de Azure no aparece Azure Resource Manager (ARM) como servicio visible porque ARM no es un recurso que se cree en el portal; es la capa de gestión interna de Azure.

Ejemplo

Una empresa puede agrupar en un mismo grupo de recursos todos los elementos de una aplicación (máquinas virtuales, bases de datos, redes) y administrarlos como una unidad, facilitando su mantenimiento o eliminación.

Por otro lado, Azure ofrece plantillas de implementación (ARM templates o Bicep) que describen la configuración deseada de los recursos en un archivo JSON o en un lenguaje declarativo.

- Estas plantillas permiten **recrear entornos completos** de forma reproducible y sin intervención manual.
- Son ideales para entornos de prueba, desarrollo y producción que requieren coherencia en su configuración.

Todos los servicios >

Template specs ...
Microsoft

↑ Import template + Create template spec ○ Refresh

Scopes : **0 Selected**

🔍 Search

Name	↑↓	Resource group

No hay resultados

Además, Azure dispone de servicios como:

- **Azure Automation**, para ejecutar scripts de mantenimiento de forma programada.
- **Azure DevOps**, para gestionar pipelines de integración y despliegue continuo.

Ejemplo

Un equipo de desarrollo puede tener una plantilla ARM que, al ejecutarse, despliegue automáticamente toda la infraestructura necesaria para su aplicación (VMs, base de datos, red) con la misma configuración cada vez.

La versatilidad de Microsoft Azure permite que empresas de distintos tamaños y sectores puedan aprovechar su infraestructura para reducir costes, aumentar la escalabilidad y mejorar la disponibilidad de sus servicios. A continuación, se describen tres escenarios representativos.

E. Despliegue de un sitio web corporativo

Un sitio web corporativo debe ser accesible las 24 horas, escalable ante picos de tráfico y seguro frente a amenazas. Azure ofrece una combinación de servicios que facilitan su implementación y mantenimiento:

- **Azure App Service** para alojar la web y APIs.
- **Azure SQL Database** para gestionar datos y contenidos.
- **Azure Front Door o Azure CDN** para acelerar la entrega de contenido a nivel global.
- **Azure Monitor** para vigilar el rendimiento y detectar incidencias.

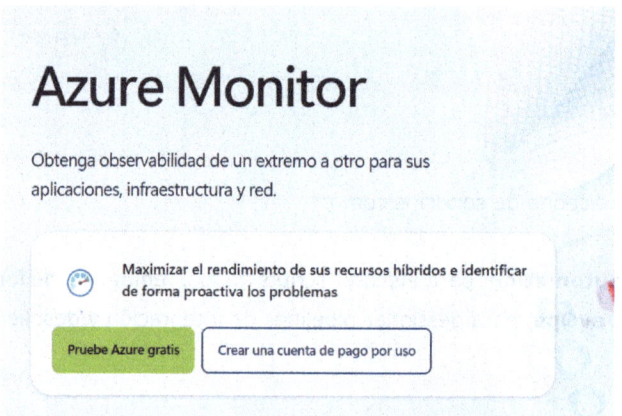

 **Ejemplo**

Una empresa de consultoría lanza una nueva web para captar clientes internacionales. Utiliza App Service para el alojamiento, un plan escalable para absorber picos de tráfico y CDN para que los visitantes de cualquier continente accedan a la web con baja latencia.

F. Almacenamiento y análisis de grandes volúmenes de datos

Las organizaciones que trabajan con datos masivos (como información de clientes, sensores IoT o registros de transacciones) requieren soluciones que combinen capacidad, seguridad y velocidad de análisis.

Azure ofrece:

- **Azure Blob Storage** para guardar datos no estructurados en distintos niveles de acceso.
- **Azure Data Lake Storage** para integrar datos en entornos de análisis.
- **Azure Synapse Analytics** para ejecutar consultas y generar informes.
- **Azure Machine Learning** para aplicar modelos predictivos sobre esos datos.

Una cadena de supermercados recopila millones de registros diarios de ventas y transacciones. Centraliza estos datos en Azure Data Lake, ejecuta análisis con Synapse para detectar patrones de compra y optimiza el inventario en función de la demanda prevista.

G. Integración con soluciones de inteligencia artificial

Azure facilita el uso de **modelos de IA** sin necesidad de que las empresas desarrollen todo el pipeline de machine learning desde cero. Esto permite incorporar funcionalidades inteligentes en aplicaciones y procesos de negocio.

Entre los servicios más destacados están:

- **Azure Cognitive Services** para reconocimiento de voz, visión por computadora, traducción automática y análisis de texto.
- **Azure Machine Learning** para entrenar y desplegar modelos personalizados.
- **Bot Framework y Azure Bot Service** para desarrollar asistentes virtuales.

Ejemplo

Una empresa de soporte técnico implementa un chatbot con Azure Bot Service y Cognitive Services, capaz de responder en varios idiomas y resolver dudas frecuentes. Esto reduce la carga del equipo de atención al cliente y ofrece servicio 24/7.

2. Análisis de los diferentes modelos de servicio Cloud Azure

Los modelos de servicio en la nube definen el nivel de control y responsabilidad que asume el proveedor frente al cliente. Los tres modelos más utilizados son Infraestructura como Servicio (IaaS), Plataforma como Servicio (PaaS) y Software como Servicio (SaaS).

Estos modelos no son excluyentes: una misma organización puede utilizar los tres simultáneamente, según las necesidades de cada proyecto.

A. IaaS (Infrastructure as a Service – Infraestructura como Servicio)

En este modelo, el proveedor cloud suministra **recursos de infraestructura virtualizados** —servidores, redes, almacenamiento— que el cliente puede configurar y gestionar según sus necesidades.

- **Responsabilidad del cliente:** instalar sistemas operativos, configurar aplicaciones y mantener la seguridad interna.
- **Ventaja principal:** alta flexibilidad y control sobre la infraestructura.

Ejemplo

Azure Virtual Machines, que permite desplegar servidores virtuales con sistemas operativos Windows o Linux y configurarlos para cualquier carga de trabajo.

B. PaaS (Platform as a Service – Plataforma como Servicio)

En este caso, el proveedor no solo suministra la infraestructura, sino también las herramientas y servicios necesarios para desarrollar, ejecutar y administrar aplicaciones sin tener que ocuparse del hardware ni del sistema operativo.

- **Responsabilidad del cliente:** desarrollo y gestión de la aplicación y sus datos.
- **Ventaja principal:** acelera el ciclo de desarrollo y reduce la carga operativa.

Ejemplo

Azure App Service, que permite desplegar aplicaciones web y APIs con balanceo de carga, escalado automático y actualizaciones gestionadas.

C. SaaS (Software as a Service – Software como Servicio)

Este modelo ofrece aplicaciones listas para usar, accesibles desde Internet, sin que el cliente tenga que gestionar infraestructura, plataformas ni desarrollo.

- **Responsabilidad del cliente:** únicamente utilizar la aplicación y administrar los datos que maneja.
- **Ventaja principal:** acceso inmediato y pago por suscripción, sin instalación ni mantenimiento.

Ejemplo

Microsoft Power BI, disponible como servicio para crear informes y paneles de análisis directamente en la nube.

La Infraestructura como Servicio (IaaS) es el modelo de computación en la nube en el que el proveedor ofrece recursos de infraestructura virtualizados —servidores, redes, almacenamiento y sistemas de seguridad— que el cliente puede configurar según sus necesidades.

En este modelo, el usuario mantiene un alto grado de control sobre los sistemas y aplicaciones, similar al que tendría en una infraestructura física, pero sin la inversión y el mantenimiento que supone gestionar un centro de datos propio.

Para entender el alcance de la IaaS en Azure, es útil describir sus atributos más relevantes:

- **Flexibilidad total en la configuración:** el cliente elige el sistema operativo, las aplicaciones y la arquitectura de red.
- **Pago por uso:** solo se paga por los recursos utilizados (CPU, memoria, almacenamiento, ancho de banda).
- **Escalabilidad inmediata:** posibilidad de aumentar o reducir capacidad de forma rápida.
- **Acceso remoto global:** los recursos son accesibles desde cualquier ubicación con conexión a Internet.
- **Seguridad integrada:** opciones de cifrado, cortafuegos y control de acceso por roles.
- **Alta disponibilidad:** replicación de recursos en distintas zonas de disponibilidad para minimizar tiempos de inactividad.

Las ventajas dependen de cómo la empresa gestione sus recursos y de si combina IaaS con otros modelos de servicio.

Ventaja	Impacto en la empresa
Reducción de costes iniciales	Elimina la necesidad de comprar servidores físicos.
Rapidez en la implementación	Recursos disponibles en minutos en lugar de semanas.
Escalabilidad	Adaptación inmediata a cambios de demanda.
Mantenimiento delegado	Azure gestiona el hardware y la infraestructura básica.
Acceso a tecnologías avanzadas	Posibilidad de usar hardware de alto rendimiento sin inversión propia.

Una *startup* que necesita ampliar su capacidad de cómputo para una campaña puntual puede aumentar el número de servidores virtuales en Azure durante unos días y luego reducirlos, pagando solo por ese tiempo extra de uso.

Las máquinas virtuales (VMs) son el componente más representativo de la IaaS en Azure. Su creación y gestión implica varios pasos clave:

1. **Selección del sistema operativo:** Windows o Linux, con versiones preconfiguradas o personalizadas.
2. **Elección del tamaño de la VM:** según el número de CPU virtuales, memoria RAM y rendimiento de disco requerido.
3. **Configuración de red:** asignación de IP pública o privada, integración en redes virtuales (VNet) y configuración de cortafuegos.
4. **Asociación de almacenamiento:** discos de sistema y discos adicionales, ya sean HDD o SSD.
5. **Opciones de seguridad:** cifrado de discos, autenticación de usuarios, control de acceso por roles (RBAC).
6. **Escalabilidad y disponibilidad:** configuración de conjuntos de disponibilidad (Availability Sets) o escalado automático.

Una empresa que necesita un servidor de pruebas con Ubuntu y 4 GB de RAM podría:

- Acceder al Azure Portal.
- Crear un recurso Virtual Machine.
- Seleccionar la imagen "Ubuntu Server 22.04 LTS".
- Configurar el tamaño "B2s" (2 vCPU, 4 GB RAM).
- Asignar un disco SSD estándar.
- Conectar la máquina a una Virtual Network existente.
- Implementar la VM y conectarse por SSH para instalar aplicaciones.

La gestión de VMs en Azure puede automatizarse con **Azure CLI** o **Plantillas ARM**, facilitando la replicación del entorno en múltiples ubicaciones o proyectos.

En el modelo IaaS de Azure, las máquinas virtuales no funcionan de forma aislada: suelen integrarse con otros componentes que mejoran el rendimiento, la seguridad y la disponibilidad. Tres de los elementos más relevantes son los balanceadores de carga, las redes virtuales y el almacenamiento.

D. Balanceadores de carga (Azure Load Balancer)

Azure Load Balancer actúa como el punto de contacto único para los clientes. Los balanceadores de carga, distribuyen el tráfico entrante entre varias máquinas virtuales para evitar sobrecargas y garantizar la continuidad del servicio. Su función es distribuir el tráfico entrante que llega al front-end hacia las instancias del grupo de back-end. Esta distribución se realiza según reglas de configuración y comprobaciones de estado. Los recursos de back-end pueden ser máquinas virtuales de Azure o conjuntos de escalado.

El siguiente diagrama ilustra cómo funciona un **Azure Load Balancer** dentro de una **red virtual (VNet)**.

- A la izquierda se encuentra Internet, que envía el tráfico hacia el Load Balancer, que puede ser público o privado.
- El Load Balancer actúa como el punto de entrada único, recibiendo las solicitudes y repartiéndolas de acuerdo con las reglas configuradas.
- Dentro de la Red virtual, en una subred, se encuentra un grupo de back-end compuesto por varias máquinas virtuales.
- El tráfico entrante se distribuye de manera equilibrada entre estas máquinas virtuales, asegurando la alta disponibilidad y evitando que la carga recaiga en un solo recurso.

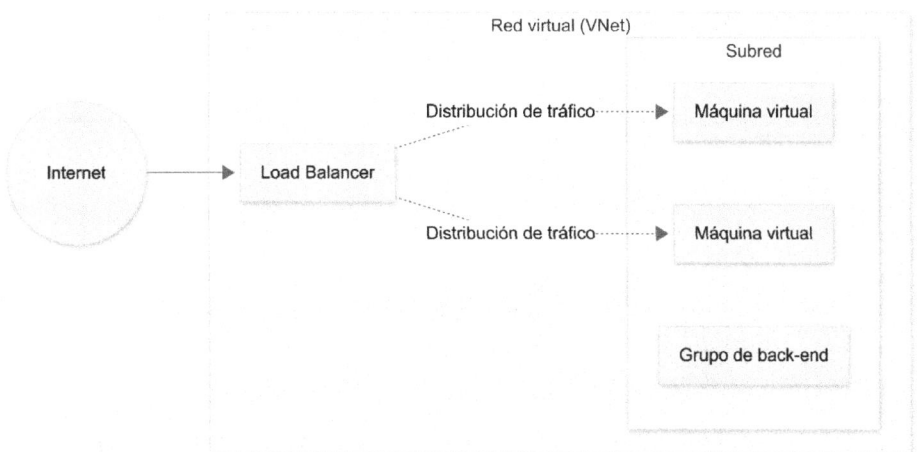

Un **equilibrador de carga público** ofrece conectividad tanto de entrada como de salida a las máquinas virtuales de la red virtual. Para el tráfico entrante, reparte las solicitudes que vienen desde Internet hacia las VM. Para el tráfico saliente, traduce las direcciones IP privadas de las máquinas virtuales a IP públicas, lo que permite que estas se conecten hacia fuera.

En cambio, un **equilibrador de carga interno o privado** se usa para distribuir tráfico únicamente dentro de la red virtual. Con él se puede gestionar la conectividad entrante en escenarios privados, como accesos desde una red local a un front-end dentro de una arquitectura híbrida.

Azure Load Balancer está disponible en tres versiones o **SKU**: Básico, Estándar y Puerta de enlace. Cada una está pensada para escenarios diferentes y se distinguen en aspectos como capacidad de escalado, características y coste.

Elija la SKU que mejor le venga

Standard Load Balancer

Equipado para equilibrar la carga del tráfico de la capa de red cuando se necesita un alto rendimiento y una latencia muy baja.

Standard Load Balancer enruta el tráfico dentro de las regiones y entre ellas, y a zonas de disponibilidad para lograr una alta resistencia.

Más información >

Equilibrador de carga de puerta de enlace

Implementa y escala fácilmente aplicaciones virtuales con Equilibrador de carga de puerta de enlace.

Permite escenarios que necesitan encadenamiento de servicios, como análisis, protección DDoS, firewall, etc.

Más información >

Equilibrador de carga básico

Para las aplicaciones a pequeña escala que no necesitan alta disponibilidad o redundancia.

Más información >

Simplifica el equilibrio de carga para aplicaciones

Crea aplicaciones escalables y de alta disponibilidad en cuestión de minutos con el equilibrio de carga de las aplicaciones integrado para los servicios en la nube y las máquinas virtuales. Azure Load Balancer admite protocolos basados en TCP/UDP, como HTTP, HTTPS y SMTP, así como

Obtén alta disponibilidad y un rendimiento sólido

Proporciona una mejor experiencia al cliente utilizando el equilibrador de carga para escalar automáticamente el creciente tráfico de tu aplicación. No tendrás que reconfigurar ni gestionar el equilibrador de carga.

Usa un equilibrador de carga interno

Usa el equilibrador de carga interno para el tráfico entre máquinas virtuales dentro de tus redes virtuales privadas o para crear aplicaciones híbridas de varios niveles.

Chatear con el equipo de ventas

Fig. 4. Los equilibradores de carga de Azure distribuyen el tráfico de red de forma eficiente, ofreciendo opciones que van desde soluciones básicas hasta configuraciones avanzadas con alta disponibilidad y baja latencia

Ejemplo

Un portal de comercio electrónico con alto volumen de visitas utiliza un balanceador de carga público para repartir las solicitudes entre tres servidores web en distintas zonas de disponibilidad.

E. Redes virtuales (Azure Virtual Network – VNet)

Azure Virtual Network es el servicio que permite construir una red privada dentro de Azure. Facilita que los recursos, como máquinas virtuales o aplicaciones, se comuniquen de manera segura entre ellos, con Internet y con redes locales.

Con una red virtual de Azure se puede establecer comunicación entre recursos, conectar con Internet, integrar redes locales, filtrar tráfico, controlar el enrutamiento e integrar otros servicios de la plataforma.

Por defecto, todos los recursos de una red virtual pueden acceder a Internet. Para gestionar conexiones se pueden usar direcciones IP públicas, gateways NAT o balanceadores de carga. Para habilitar conexiones de entrada, se emplean direcciones IP públicas o balanceadores de carga públicos.

Los recursos dentro de una red virtual pueden comunicarse de forma segura a través de:

- **Redes virtuales**: permiten desplegar máquinas virtuales y otros servicios.
- **Puntos de conexión de servicio**: amplían la red virtual para acceder a servicios como Azure Storage o Azure SQL Database.
- **Emparejamiento de redes virtuales**: conecta redes virtuales en la misma región o en distintas regiones.

Existen varias formas de enlazar una red local con Azure:

- **VPN punto a sitio**: conecta un equipo individual con la red virtual mediante un túnel cifrado.
- **VPN de sitio a sitio**: enlaza toda la red local con Azure a través de un dispositivo VPN.
- **ExpressRoute**: ofrece una conexión privada sin pasar por Internet.

El filtrado puede realizarse mediante:

- **Grupos de seguridad de red y de aplicaciones**, que aplican reglas de entrada y salida basadas en direcciones IP, puertos y protocolos.
- **Aplicaciones virtuales de red**, como firewalls o herramientas de optimización, disponibles en Azure Marketplace.

Azure enruta el tráfico entre subredes, redes virtuales y hacia Internet de manera predeterminada. También se pueden crear tablas de enrutamiento personalizadas o usar rutas BGP para una integración avanzada con redes locales.

Este diagrama representa de forma sencilla cómo se estructura una Red virtual (VNet) en Azure y su conexión con una red local de una oficina:

- A la izquierda aparece la Oficina, con los equipos que se conectan hacia la nube.
- La comunicación pasa por un enrutador o *gateway*, que actúa como punto de entrada/salida entre la red local y Azure.

- Dentro de la Red virtual (VNet) se muestran subredes organizadas, cada una capaz de alojar diferentes recursos o nodos (por ejemplo, máquinas virtuales, bases de datos, aplicaciones).
- La disposición en filas refleja que una **VNet** puede estar dividida en varias subredes lógicas, donde se distribuyen los recursos para mejorar la seguridad, el rendimiento y la gestión del tráfico.

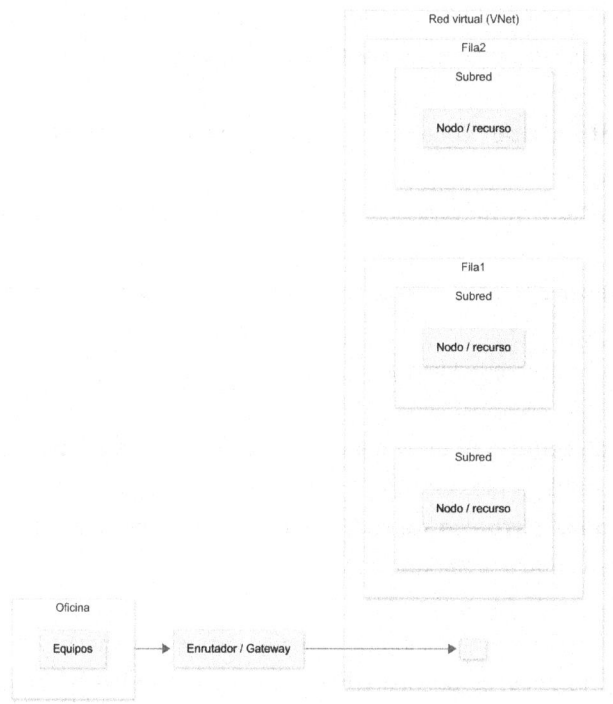

Existen límites en el número de recursos de red que se pueden implementar, aunque algunos se pueden ampliar según necesidad. Además, las redes virtuales abarcan todas las zonas de disponibilidad de una región, de manera que no es necesario segmentarlas para soportar recursos desplegados en diferentes zonas.

Una compañía financiera crea una VNet con dos subredes: una para servidores de aplicaciones accesibles desde Internet y otra para bases de datos internas no expuestas públicamente.

F. Almacenamiento en IaaS

Se caracteriza por lo siguiente:

- Se ofrece mediante **Azure Disk Storage** para las VMs, con opciones **HDD estándar**, **SSD estándar** y **SSD premium** según la velocidad requerida.
- Los datos pueden respaldarse con **Azure Backup** o replicarse entre regiones para recuperación ante desastres (Disaster Recovery).
- Compatible con cifrado en reposo y en tránsito para garantizar la seguridad de la información.

Un equipo de análisis científico almacena datos de experimentos en discos SSD premium para acelerar el procesamiento de simulaciones.

La IaaS en Azure es utilizada por empresas de todos los sectores. Algunos escenarios frecuentes incluyen:

- **Migración de infraestructura local a la nube:** sustitución de servidores físicos por máquinas virtuales en Azure para reducir costes de mantenimiento.
- **Entornos de desarrollo y prueba:** creación rápida de servidores temporales para probar nuevas aplicaciones sin invertir en hardware.
- **Recuperación ante desastres (Disaster Recovery):** replicación de servidores críticos en otra región de Azure para garantizar la continuidad del negocio.

- **Procesamiento intensivo de datos:** despliegue de clústeres de VMs para análisis, simulaciones o renderizado de vídeo.

Una empresa de marketing digital que gestiona campañas internacionales migra su infraestructura a Azure IaaS. Usa VNets para aislar entornos, Load Balancer para distribuir tráfico de usuarios y discos SSD premium para almacenar bases de datos de alto rendimiento, logrando reducir un 35 % sus costes operativos anuales.

La **Plataforma como Servicio** (PaaS) es un modelo de computación en la nube en el que el proveedor ofrece **infraestructura y entorno de desarrollo gestionados**, permitiendo a los desarrolladores crear, probar, desplegar y mantener aplicaciones sin preocuparse por el hardware, el sistema operativo o las actualizaciones.

Con PaaS, la empresa se centra en la **lógica de negocio y el código de la aplicación**, mientras Azure gestiona automáticamente la escalabilidad, la seguridad, la disponibilidad y el mantenimiento de la plataforma.

Azure proporciona una amplia gama de servicios PaaS que permiten acelerar el ciclo de vida del software:

- **Despliegue inmediato:** las aplicaciones pueden publicarse en minutos en un entorno listo para producción.
- **Escalado automático:** se ajustan los recursos según la demanda, sin intervención manual.
- **Alta disponibilidad integrada:** redundancia geográfica y balanceo de carga gestionado por Azure.
- **Compatibilidad con múltiples lenguajes y frameworks:** .NET, Java, Python, PHP, Node.js, entre otros.
- **Seguridad y actualizaciones automáticas:** Azure se encarga de aplicar parches y mejoras de seguridad sin interrumpir el servicio.

Ejemplo

Una startup que desarrolla una API para reservas de viajes puede publicarla directamente en Azure PaaS, sin invertir tiempo en configurar servidores ni en gestionar copias de seguridad.

Los principales servicios PaaS en Azure son:

1. Azure App Service:
- Plataforma para alojar aplicaciones web, APIs y aplicaciones móviles.
- Ofrece integración con **autenticación de usuarios**, bases de datos y balanceo de carga automático.
- Permite actualizaciones sin tiempo de inactividad (zero downtime deployment).

2. Azure SQL Database:
- Base de datos relacional totalmente gestionada en la nube.
- Escalado elástico, alta disponibilidad y recuperación ante desastres automáticas.
- Monitorización integrada y optimización del rendimiento mediante inteligencia artificial.

3. Azure Kubernetes Service (AKS):
- Servicio gestionado para orquestar contenedores Kubernetes.
- Simplifica la administración de clústeres, integrando seguridad y escalabilidad automáticas.
- Ideal para aplicaciones distribuidas y microservicios.

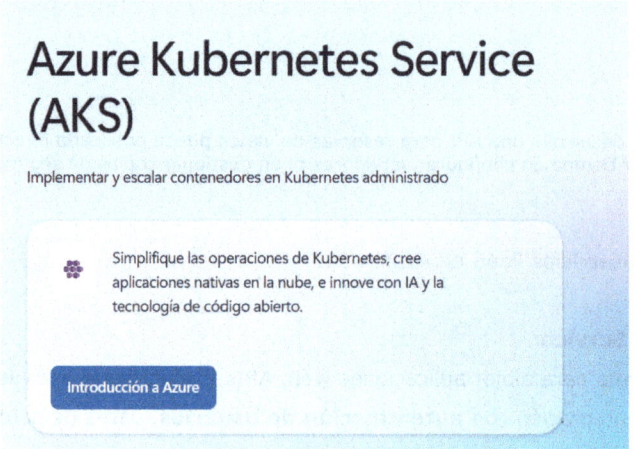

 Anotación

Aunque AKS gestiona contenedores, sigue considerándose un servicio PaaS, ya que Azure se encarga del plano de control y del mantenimiento de la infraestructura de Kubernetes.

Uno de los puntos fuertes del PaaS es su integración con prácticas **DevOps**, lo que permite ciclos de desarrollo más cortos y despliegues frecuentes:

- **Azure DevOps Services** ofrece repositorios de código, pipelines de integración y despliegue continuo (CI/CD), tableros ágiles y gestión de pruebas.
- **GitHub Actions** permite automatizar flujos de trabajo de compilación y despliegue directamente desde el repositorio.
- Los entornos PaaS como App Service pueden configurarse para **actualizar automáticamente la aplicación** cuando se sube una nueva versión del código a GitHub o Azure Repos.

Un equipo de desarrollo configura un pipeline en Azure DevOps para que, cada vez que se sube código al repositorio principal, la aplicación web se compile, pase pruebas automatizadas y se despliegue en App Service, todo sin intervención manual.

Por otro lado, el **Software como Servicio** (SaaS) es un modelo de distribución de aplicaciones en el que el proveedor ofrece software totalmente funcional a través de Internet. El usuario accede a estas aplicaciones mediante un navegador web o una aplicación cliente, sin necesidad de instalar, configurar ni mantener la infraestructura o el software subyacente.

En el modelo SaaS, Azure no solo proporciona el alojamiento y la infraestructura, sino que también integra servicios corporativos que combinan almacenamiento, seguridad y colaboración en la nube.

La suite Microsoft 365 incluye aplicaciones de productividad como Word, Excel, Outlook, OneDrive y SharePoint, todas respaldadas por la infraestructura de Azure.

- **Azure Active Directory (Azure AD)** gestiona la autenticación y el acceso a los servicios.
- **OneDrive for Business** y **SharePoint Online** se ejecutan sobre almacenamiento en la nube de Azure, garantizando alta disponibilidad y seguridad.
- Las aplicaciones se actualizan automáticamente y están accesibles desde cualquier dispositivo conectado.

Una empresa puede configurar Azure AD para que los empleados inicien sesión en Microsoft 365 con la misma cuenta corporativa usada para acceder a recursos internos, simplificando la gestión de credenciales y aumentando la seguridad.

Algunos ejemplos destacados de SaaS en Azure son:

1. Dynamics 365:
- Plataforma de gestión empresarial que combina **CRM** (gestión de clientes) y **ERP** (gestión de recursos).
- Permite administrar ventas, marketing, finanzas, logística y servicio al cliente en un solo entorno.
- Integra análisis avanzados mediante Power BI y automatizaciones con Power Automate.

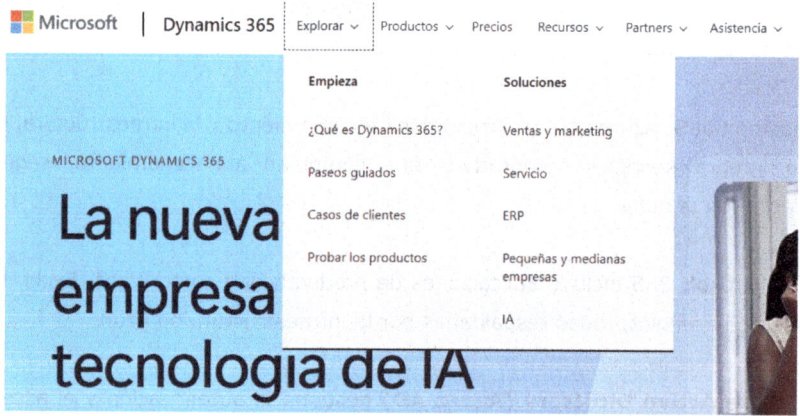

Fig. 5. Microsoft Dynamics 365 integra aplicaciones empresariales para gestionar áreas como ventas, marketing, servicio al cliente, planificación de recursos (ERP) y soluciones específicas para pequeñas y medianas empresas, potenciadas por inteligencia artificial

2. Power BI:
- Herramienta de inteligencia empresarial que transforma datos en paneles y reportes interactivos.
- Puede conectarse a múltiples fuentes, incluidas bases de datos en Azure, hojas de cálculo y APIs externas.
- Ofrece capacidades de análisis en tiempo real y uso compartido seguro de informes.

3. Microsoft Teams:
- Plataforma de comunicación y colaboración que integra chat, videollamadas, reuniones y trabajo en documentos compartidos.
- Se conecta de forma nativa con SharePoint, OneDrive y aplicaciones de Microsoft 365.

- Incluye cifrado de datos, autenticación multifactor y control de accesos desde Azure AD.

El siguiente diagrama ilustra cómo los usuarios acceden a una suite SaaS a través de la nube de Azure:

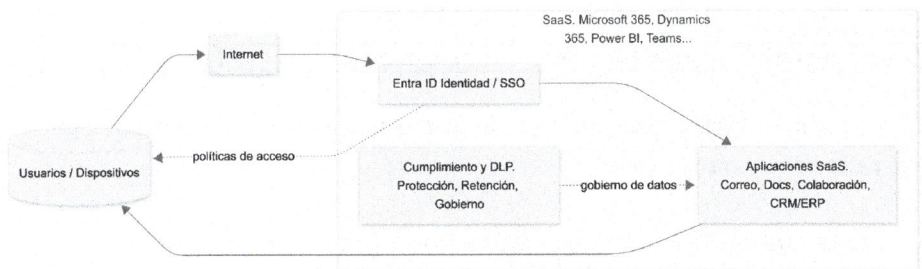

Aunque el SaaS es atractivo para todo tipo de organizaciones, sus beneficios se adaptan de forma distinta según la escala de la empresa:

Tipo de empresa	Beneficio principal	Ejemplo
Pequeñas empresas	Reducción de costes en infraestructura y soporte técnico.	Una pyme puede gestionar correo, reuniones y almacenamiento con Microsoft 365 sin servidores propios.
Medianas empresas	Escalabilidad y colaboración en tiempo real.	Una empresa de diseño puede trabajar con Teams y SharePoint para coordinar proyectos con equipos en distintas ciudades.
Grandes corporaciones	Integración con sistemas internos y seguridad avanzada.	Una multinacional puede usar Azure AD para integrar Dynamics 365 con aplicaciones personalizadas y gestionar permisos centralmente.

 Anotación

El modelo SaaS reduce la carga de gestión interna, pero implica confiar datos y operaciones críticas al proveedor. Por ello, la integración con Azure en temas de seguridad y cumplimiento normativo es clave para su adopción empresarial.

Conviene destacar que la principal diferencia entre los modelos IaaS, PaaS y SaaS radica en quién gestiona qué parte de la infraestructura y el software.

Característica	IaaS	PaaS	SaaS
Control del usuario	Alto: gestiona sistemas y apps	Medio: gestiona apps y datos	Bajo: solo usa la aplicación
Flexibilidad	Máxima	Media	Baja
Tiempo de despliegue	Lento (requiere configuración)	Rápido	Muy rápido
Ejemplo en Azure	Virtual Machines	App Service	Power BI

A continuación, se explica qué parte de la infraestructura administra el proveedor de nube y qué parte administra el cliente:

- **IaaS (Infraestructura como Servicio):** El cliente gestiona sistema operativo, aplicaciones y datos; el proveedor gestiona hardware, red, almacenamiento.
- **PaaS (Plataforma como Servicio):** El cliente se centra en datos y aplicaciones; el proveedor gestiona el resto.
- **SaaS (Software como Servicio):** El proveedor administra todo; el cliente solo usa la aplicación.

Elegir entre IaaS, PaaS y SaaS depende del nivel de control que la organización quiera mantener, del tipo de aplicación que se vaya a implementar y de los recursos internos disponibles para gestionarla.

Antes de presentar una comparativa, conviene señalar que ningún modelo es "mejor" de forma absoluta, sino que cada uno responde a necesidades específicas:

- **IaaS:** ideal cuando se necesita control total sobre la infraestructura o cuando se migran aplicaciones existentes sin cambios significativos.
- **PaaS:** adecuado para desarrollo rápido de aplicaciones, pruebas y despliegues frecuentes, con mínima gestión de infraestructura.
- **SaaS:** recomendado para acceder a software listo para usar, con mínimos requisitos técnicos y sin inversiones en hardware o mantenimiento.

La siguiente tabla resume las diferencias más relevantes:

Criterio	IaaS	PaaS	SaaS
Control	Máximo: sistemas, redes y aplicaciones gestionados por el cliente.	Medio: se gestiona la aplicación y los datos, pero no la infraestructura.	Mínimo: solo se usan las funcionalidades del software.
Coste inicial	Bajo (sin hardware físico), pero con costes de configuración.	Bajo-medio, coste por uso de servicios gestionados.	Muy bajo, solo suscripción.
Escalabilidad	Alta, pero requiere configuración manual o automatizada.	Muy alta y automática.	Alta, pero limitada a lo que ofrezca el proveedor.
Mantenimiento	A cargo del cliente (software, parches, *backups*).	Parcialmente a cargo del cliente (aplicación y datos).	Totalmente a cargo del proveedor.
Tiempo de despliegue	Horas o días según la complejidad.	Minutos u horas.	Inmediato.
Ejemplo en Azure	Virtual Machines, Load Balancer, Virtual Network.	App Service, Azure SQL Database, Azure Kubernetes Service.	Microsoft 365, Dynamics 365, Power BI.

Para decidir qué modelo usar en un proyecto, se deben considerar estos aspectos:

1. **Tipo de aplicación:**
   - Migración de aplicaciones existentes: IaaS.
   - Desarrollo de aplicaciones nuevas y escalables: PaaS.
   - Uso de software estándar de productividad o gestión: SaaS.

2. **Recursos técnicos disponibles:**
   - Equipo técnico con experiencia en administración de sistemas: IaaS.
   - Equipo de desarrollo que quiere centrarse solo en el código: PaaS.
   - Usuarios finales sin conocimientos técnicos avanzados: SaaS.

3. **Presupuesto y plazos:**
   - Plazos cortos y costes iniciales mínimos: PaaS o SaaS.
   - Mayor presupuesto y necesidad de personalización: IaaS.

Ejemplo

Una empresa de logística que quiere digitalizar su gestión puede combinar modelos: usar IaaS para un sistema de análisis interno, PaaS para desarrollar una app de seguimiento de pedidos y SaaS (como Dynamics 365) para la gestión de clientes y facturación.

3. Conocimiento y análisis de factores

El uso de la nube, aunque aporta flexibilidad, escalabilidad y eficiencia, implica confiar parte de la infraestructura y de los datos a un proveedor externo. Por ello, la adopción de soluciones en Microsoft Azure no puede limitarse a una visión técnica: es necesario considerar factores estratégicos como la seguridad, la privacidad, el cumplimiento normativo y la confianza.

Estos elementos no solo determinan la viabilidad técnica de un proyecto en la nube, sino también su aceptación por parte de los usuarios, la capacidad de cumplir regulaciones y la resiliencia frente a incidentes. En Azure, estas áreas están estrechamente relacionadas, ya que la plataforma implementa un conjunto de herramientas, políticas y buenas prácticas para proteger datos, garantizar la continuidad del negocio y facilitar el cumplimiento de estándares internacionales.

3.1. Seguridad

La **seguridad en la nube** es uno de los aspectos más críticos a la hora de migrar o desplegar servicios en Azure. Implica proteger tanto la infraestructura como los datos y las aplicaciones frente a amenazas internas y externas, aplicando un enfoque integral que cubra la prevención, detección, respuesta y recuperación ante incidentes.

Microsoft Azure aplica una estrategia de seguridad basada en los siguientes principios:

1. **Defensa en profundidad:** establecer múltiples capas de protección (física, de red, de aplicación y de datos) para que la seguridad no dependa de un único punto.
2. **Mínimo privilegio:** otorgar a cada usuario o servicio solo los permisos estrictamente necesarios para su función.
3. **Seguridad por diseño:** integrar la seguridad desde la fase inicial del desarrollo, en lugar de añadirla como un complemento posterior.
4. **Supervisión continua:** monitorizar de forma permanente la actividad y el rendimiento de los sistemas para detectar comportamientos anómalos.
5. **Automatización de respuestas:** utilizar reglas y scripts para reaccionar automáticamente ante incidentes, reduciendo el tiempo de exposición.

En un proyecto de Azure, aplicar mínimo privilegio significa que un desarrollador solo tendría acceso al entorno de pruebas, pero no a la base de datos de producción.

A. Arquitectura Zero Trust en Azure

El modelo Zero Trust ("confianza cero") parte de la premisa de que ninguna entidad —usuario, dispositivo o aplicación— debe considerarse de confianza por defecto, incluso si se encuentra dentro de la red corporativa. En Azure, esta arquitectura se basa en tres principios clave:

1. **Verificar explícitamente:** autenticar y autorizar cada acceso en función de todos los datos disponibles (identidad, ubicación, dispositivo, datos solicitados, etc.).
2. **Usar acceso con privilegios mínimos:** limitar los permisos al mínimo necesario y durante el tiempo justo (Just-In-Time Access).
3. **Asumir que existe una brecha:** diseñar sistemas que puedan resistir y recuperarse rápidamente en caso de compromiso de seguridad.

En Azure, la implementación de Zero Trust se apoya en:

- **Azure Active Directory (Azure AD)** para autenticación multifactor (MFA) y control de acceso condicional.
- **Microsoft Defender for Cloud** para supervisar configuraciones y detectar amenazas.
- **Azure Sentinel** como solución SIEM para análisis y respuesta ante incidentes.

Ejemplo

Una empresa que adopta Zero Trust en Azure puede exigir que, para acceder al portal de administración, el usuario deba iniciar sesión con autenticación multifactor y desde un dispositivo corporativo previamente registrado.

Microsoft Azure dispone de un conjunto de servicios integrados para monitorizar, prevenir, detectar y responder a amenazas. Entre los más relevantes destacan:

1. Azure Security Center *(actualmente integrado en Microsoft Defender for Cloud)*:
- Plataforma unificada para la gestión de la seguridad de todos los recursos de Azure, híbridos y multicloud.
- Evalúa la configuración de los recursos, detecta vulnerabilidades y ofrece recomendaciones para mejorar la postura de seguridad.
- Permite aplicar políticas de seguridad centralizadas a nivel de suscripción o grupo de recursos.

2. Microsoft Defender for Cloud:
- Extiende las capacidades de Azure Security Center con protección avanzada contra amenazas.
- Ofrece análisis de seguridad en tiempo real y alertas ante comportamientos anómalos.
- Compatible con entornos híbridos y multicloud (AWS, GCP).
- Integra herramientas para gestionar la *compliance* de la infraestructura respecto a normativas internacionales.

Una empresa que aloja su base de datos en Azure recibe una alerta de Defender for Cloud que detecta un intento de acceso desde un país inusual, lo que permite bloquear la IP y evitar un posible ataque.

B. Control de acceso basado en roles (RBAC)

El **Role-Based Access Control** (RBAC) de Azure es un sistema que permite asignar permisos específicos a usuarios, grupos o aplicaciones, basándose en el principio de mínimo privilegio.

- Los roles definen qué acciones puede realizar un usuario sobre un recurso (por ejemplo: lectura, escritura, eliminación).
- Se pueden aplicar a distintos niveles: suscripción, grupo de recursos o recurso individual.
- Incluye roles predefinidos (Administrador, Colaborador, Lector) y permite crear roles personalizados.

En un proyecto de desarrollo, el equipo de programadores puede tener permisos de "Colaborador" solo sobre el grupo de recursos de pruebas, mientras que el equipo de operaciones tiene acceso completo a producción.

En la nube, la protección de datos se divide en dos grandes escenarios:

1. **En tránsito** (mientras viajan entre cliente y servidor o entre servicios dentro de Azure):
   - Uso de cifrado TLS (Transport Layer Security) para comunicaciones web.
   - VPN y ExpressRoute para establecer canales privados y cifrados con la infraestructura corporativa.

- o Autenticación multifactor y certificados digitales para asegurar el acceso.

2. **En reposo** (cuando los datos están almacenados en discos, bases de datos o copias de seguridad):

   - o Cifrado AES-256 administrado por Azure o por el cliente.
   - o Posibilidad de usar **Azure Key Vault** para gestionar claves de cifrado, contraseñas y certificados.
   - o Copias de seguridad cifradas y replicación geográfica para garantizar disponibilidad y recuperación ante desastres.

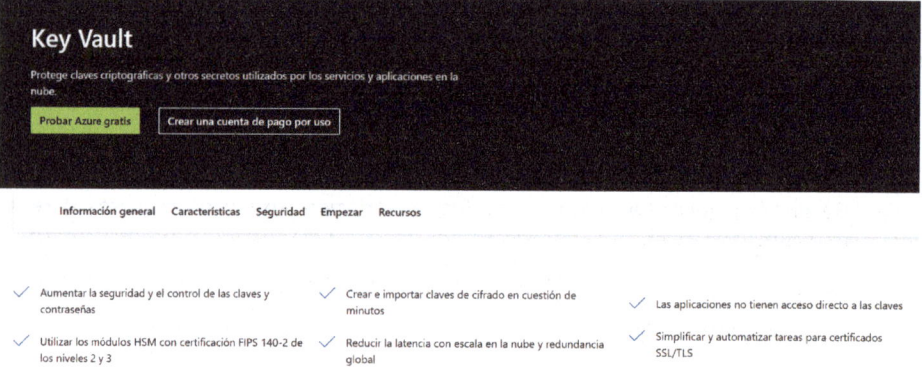

Fig. 6. Azure Key Vault ofrece funciones como creación e importación rápida de claves de cifrado, uso de módulos HSM certificados FIPS 140-2, reducción de latencia mediante escalado global y redundancia, y restricción de acceso directo a las claves por parte de las aplicaciones

Una clínica que almacena historiales médicos en Azure SQL Database configura cifrado en reposo con claves propias almacenadas en Key Vault y exige que todo acceso se realice mediante conexión VPN cifrada.

3.2. Privacidad

La **privacidad** en la nube no se limita a proteger los datos frente a accesos no autorizados; también implica respetar los derechos de los usuarios sobre su información, cumpliendo con normativas como el Reglamento General de Protección de Datos (RGPD) en Europa, la Ley Orgánica 3/2018 en España u otras leyes internacionales.

En Microsoft Azure, la privacidad se gestiona bajo un marco que combina tecnología, políticas y procesos para garantizar que el tratamiento de datos personales sea lícito, seguro y transparente.

El enfoque de privacidad por diseño (*Privacy by Design*) consiste en integrar la protección de datos desde la fase inicial de cualquier proyecto y no como un añadido posterior. En Azure, esto implica:

1. **Minimización de datos:** recoger y procesar únicamente la información estrictamente necesaria para la finalidad prevista.
2. **Control del usuario:** facilitar mecanismos para que las personas puedan acceder, rectificar o eliminar sus datos fácilmente.
3. **Seguridad integrada:** aplicar medidas técnicas como cifrado, control de accesos y monitorización para prevenir filtraciones.
4. **Transparencia:** informar de forma clara y accesible sobre el uso que se hará de los datos.
5. **Evaluación continua:** revisar y adaptar las medidas de privacidad conforme evolucionen las amenazas y la legislación.

Ejemplo

En una aplicación sanitaria alojada en Azure, desde el diseño inicial se establece que las imágenes médicas se almacenarán cifradas, solo accesibles a personal autorizado, y que se eliminarán automáticamente tras un periodo definido por ley.

Para cumplir con los principios de privacidad, Azure ofrece funciones y servicios que permiten ocultar o transformar datos personales, de modo que no puedan vincularse directamente a un individuo sin información adicional.

- **Anonimización:** proceso irreversible que elimina cualquier posibilidad de identificar al titular de los datos.

  Ejemplo en Azure: anonimizar registros de uso de una aplicación eliminando direcciones IP, nombres y otros identificadores directos antes de almacenarlos.

- **Pseudonimización:** reemplaza la información identificativa por un valor alternativo (token o código), conservando la posibilidad de revertir el proceso bajo condiciones controladas.

  Ejemplo en Azure: uso de **Azure Data Factory** o **Azure Synapse** para transformar datos de clientes en identificadores codificados antes de analizarlos.

Algunos servicios y funciones relevantes en Azure para estos procesos son los siguientes:

- **Azure Data Masking:** oculta datos sensibles en bases de datos durante pruebas o consultas no críticas.
- **Azure Purview (Microsoft Purview Data Catalog):** clasifica y etiqueta datos sensibles para facilitar su protección.
- **Azure Confidential Computing:** ejecuta procesos en entornos cifrados donde los datos permanecen protegidos incluso durante el procesamiento.

Ejemplo

Una empresa de investigación que trabaja con datos clínicos en Azure SQL Database aplica enmascaramiento dinámico de datos para que los investigadores vean valores ficticios durante las consultas, mientras que el equipo autorizado accede a la información real.

La **retención de datos** define el tiempo durante el cual una organización mantiene la información antes de eliminarla o anonimizarla, cumpliendo tanto con las necesidades operativas como con las exigencias legales.

En Azure, estas políticas se pueden aplicar mediante:

- **Azure Blob Storage Lifecycle Management:** permite definir reglas automáticas para mover datos a niveles de almacenamiento más económicos (Cool, Archive) o eliminarlos pasado un tiempo específico.
- **Azure Information Protection (AIP)** y **Microsoft Purview**: ofrecen capacidades para etiquetar y establecer periodos de retención en documentos y correos electrónicos.
- **Azure Backup**: permite configurar la retención de copias de seguridad según normativas específicas (por ejemplo, 30 días, 1 año o periodos personalizados).

Ejemplo

Una empresa de comercio electrónico configura Blob Storage para eliminar automáticamente los registros de sesiones de usuario después de 180 días, tal y como exige su política de privacidad y el RGPD.

Por otro lado, el consentimiento es uno de los pilares del cumplimiento de normativas como el RGPD. Azure no recopila automáticamente este consentimiento por parte del usuario final, pero ofrece herramientas para su registro, almacenamiento y verificación en las aplicaciones que usan la plataforma.

- **Azure Active Directory (Azure AD)**: permite integrar flujos de inicio de sesión con avisos de consentimiento explícito para el acceso a datos por parte de aplicaciones.
- **Microsoft Purview Compliance Portal**: ayuda a identificar, clasificar y proteger datos personales, asegurando que se utilicen solo con los permisos adecuados.

- **Integraciones personalizadas**: con **Azure API Management** o **Azure Functions**, se pueden implementar formularios y sistemas de registro del consentimiento, almacenando la fecha, hora y condiciones aceptadas.

Además, en el tratamiento de datos personales, Azure ofrece:

- **Control de acceso basado en roles (RBAC)** para limitar quién puede acceder a los datos.
- **Cifrado de datos en reposo y en tránsito** para cumplir con los requisitos de protección de información sensible.
- **Auditoría y trazabilidad** con Azure Monitor y Microsoft Purview, para registrar todo acceso y modificación de datos.

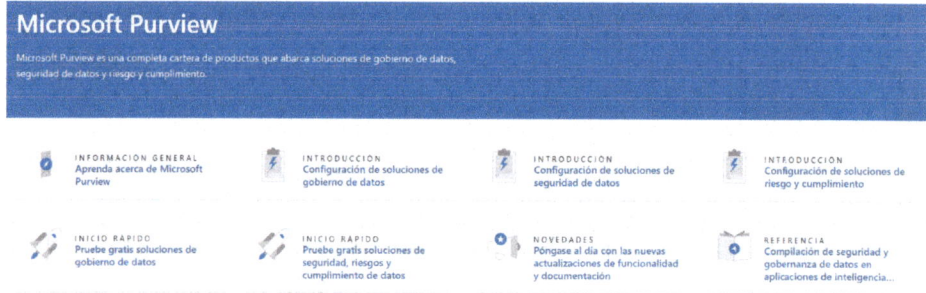

Fig. 7. Microsoft Purview permite a las organizaciones administrar, proteger y supervisar sus datos en entornos híbridos y multinube, garantizando su clasificación, trazabilidad y cumplimiento de regulaciones

Una aplicación de reservas hoteleras implementada en Azure solicita consentimiento para el uso de datos de ubicación. El registro del consentimiento se guarda en una base de datos SQL con fecha y hora, y solo los administradores con permisos RBAC pueden acceder a este registro.

3.3. Cumplimiento normativo

El **cumplimiento normativo** en la nube implica que los servicios y procesos utilizados se ajusten a estándares internacionales, leyes nacionales y regulaciones sectoriales. En Microsoft Azure, esto es un factor clave para generar confianza y facilitar la adopción de la nube por parte de organizaciones de todo tipo, especialmente aquellas que manejan información sensible o regulada.

Microsoft Azure cuenta con múltiples certificaciones internacionales que avalan sus prácticas de seguridad, privacidad y gestión de la información.

Entre las más relevantes:

- **ISO/IEC 27001** – Gestión de la seguridad de la información.
  - o Certifica que Azure aplica un sistema de gestión de la seguridad de la información (SGSI) que cubre la confidencialidad, integridad y disponibilidad de los datos.
  - o Incluye controles para la evaluación de riesgos, el tratamiento de incidentes y la mejora continua de las medidas de seguridad.

- **ISO/IEC 27701** – Gestión de la privacidad de la información
  - o Extiende la ISO 27001 incorporando requisitos específicos para la gestión de datos personales.
  - o Reconoce que Azure aplica prácticas de **privacidad por diseño** y políticas claras de retención y eliminación de datos.

Ejemplo

Una empresa que trabaja con datos financieros puede usar la certificación ISO 27001 de Azure como respaldo para demostrar que su infraestructura cumple con estándares internacionales de seguridad.

El **RGPD** es la normativa europea que regula el tratamiento de datos personales, aplicable a todas las organizaciones que manejen información de ciudadanos de la UE, independientemente de su ubicación. Azure ofrece:

- **Herramientas para localizar y clasificar datos personales** con **Microsoft Purview**, lo que facilita cumplir con solicitudes de acceso, rectificación o eliminación.
- **Contratos y cláusulas específicas** en el Acuerdo de Procesamiento de Datos (DPA) para garantizar el cumplimiento del RGPD.
- **Ubicación geográfica controlada**: posibilidad de elegir que los datos se almacenen y procesen únicamente en regiones específicas de la UE.
- **Gestión del consentimiento** integrada con Azure AD y APIs personalizadas.
- **Seguridad técnica**: cifrado en tránsito y reposo, control de acceso basado en roles y registros de auditoría para trazabilidad.

Ejemplo

Una clínica con sede en España que utiliza Azure SQL Database puede almacenar todos los datos médicos en un centro de datos de la región "West Europe" y habilitar auditorías para demostrar, en caso de inspección, que solo personal autorizado ha accedido a la información.

Además de las normas internacionales como **ISO 27001** e **ISO 27701**, Azure cuenta con certificaciones específicas que garantizan su adecuación a marcos regulatorios sectoriales y nacionales:

- **FedRAMP (Federal Risk and Authorization Management Program):**
  - Marco de seguridad exigido por el gobierno de los Estados Unidos para proveedores cloud que trabajan con organismos federales.
  - Garantiza que los servicios de Azure cumplen con estrictos controles de seguridad, evaluación y supervisión continua.
- **SOC (Service Organization Controls):**
  - **SOC 1:** Evalúa el control interno sobre informes financieros.

- o **SOC 2:** Examina la seguridad, disponibilidad, integridad del procesamiento, confidencialidad y privacidad.
- o **SOC 3:** Resumen de los resultados SOC 2, disponible públicamente.
- o Estas auditorías son realizadas por terceros independientes y confirman que Azure mantiene controles sólidos para proteger los datos.

- • **HIPAA (Health Insurance Portability and Accountability Act):**
  - o Norma estadounidense que regula el manejo de información médica protegida (PHI).
  - o Azure proporciona herramientas y configuraciones específicas para que los clientes puedan cumplir con HIPAA, aunque la responsabilidad final de la correcta configuración recae en el cliente.

Ejemplo

Una empresa de software médico que quiere comercializar su aplicación en EE. UU. puede basarse en las certificaciones HIPAA y FedRAMP de Azure para garantizar que su infraestructura cumple los requisitos regulatorios de seguridad y privacidad.

Azure Compliance Manager es una herramienta dentro del Microsoft Purview Compliance Portal que ayuda a las organizaciones a:

- • Evaluar el nivel de cumplimiento frente a regulaciones y estándares específicos.
- • Identificar riesgos y áreas que requieren mejoras en seguridad y privacidad.
- • Generar informes y evidencias para auditorías internas y externas.
- • Asignar tareas a responsables dentro de la organización para abordar requisitos pendientes.

Sus características principales son:

- Biblioteca con más de **500 evaluaciones predefinidas** que cubren normativas como RGPD, ISO 27001, SOC, NIST, HIPAA, etc.
- Seguimiento del progreso de cumplimiento con puntuaciones dinámicas ("Compliance Score").
- Generación de documentación descargable con evidencias de cumplimiento para presentarlas en inspecciones o auditorías.

Una empresa del sector financiero en España utiliza Azure Compliance Manager para preparar una auditoría ISO 27001, revisando automáticamente qué controles están implementados y generando un informe que presenta al auditor como evidencia.

3.4. Confianza

La confianza en un proveedor de nube como Azure no se construye solo con tecnología avanzada o certificaciones, sino también con compromisos claros de disponibilidad, comunicación transparente y capacidad de respuesta ante incidentes.

Microsoft establece mecanismos y políticas que garantizan a los clientes un funcionamiento predecible, una comunicación proactiva y el respaldo contractual en caso de incumplimiento.

A. Acuerdos de nivel de servicio (SLA)

Un **SLA (Service Level Agreement)** es un contrato que define los compromisos del proveedor respecto a la disponibilidad y el rendimiento de un servicio. En Azure, los SLA incluyen:

- **Disponibilidad garantizada**: la mayoría de servicios ofrecen un tiempo de actividad del 99,9 % o superior, dependiendo de la configuración.
- **Condiciones específicas por servicio**: algunos servicios, como **Azure Virtual Machines** en configuraciones redundantes, pueden alcanzar hasta un 99,99 % de disponibilidad.
- **Compensaciones económicas**: si Azure no cumple con el nivel de disponibilidad comprometido, el cliente puede recibir créditos de servicio.

Ejemplos de SLA en Azure son:

- **Máquinas virtuales con redundancia de zona:** 99,99 % de disponibilidad mensual.
- **Azure Kubernetes Service (AKS):** 99,95 % de disponibilidad para clústeres con múltiples nodos.
- **Azure SQL Database:** hasta 99,995 % de disponibilidad en configuraciones premium.

Ejemplo

Una empresa de comercio electrónico que usa Azure App Service con SLA del 99,95 % tiene garantizado un máximo teórico de inactividad de 21 minutos al mes; si se supera, la empresa puede reclamar créditos compensatorios.

B. Transparencia en la gestión de incidencias

La **transparencia** es clave para mantener la confianza del cliente, especialmente cuando se produce una interrupción o degradación del servicio.

Azure lo gestiona a través de:

- **Azure Status Page** (status.azure.com): portal público que muestra en tiempo real el estado de todos los servicios y regiones.

- **Historial de incidentes**: disponible para que los clientes revisen eventos pasados y las medidas correctivas adoptadas.
- **Comunicaciones proactivas**: mediante **Service Health** en el portal de Azure, los clientes reciben alertas personalizadas sobre incidentes que afectan a sus recursos.

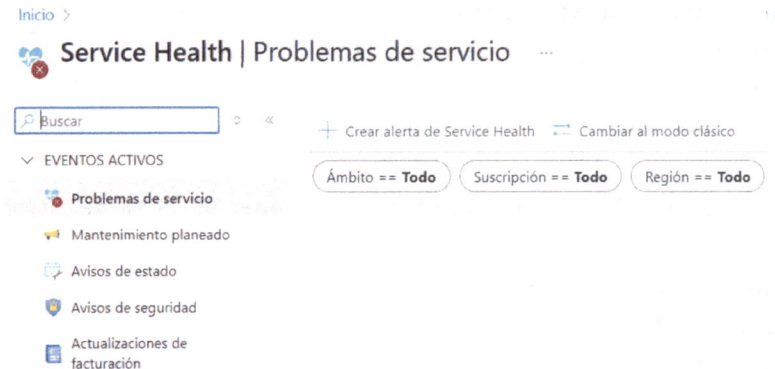

Fig. 8. Service Health en Azure proporciona información en tiempo real sobre el estado de los servicios en la nube, permitiendo filtrar por ámbito, suscripción y región, así como crear alertas personalizadas para anticiparse a incidentes que puedan afectar a los recursos y aplicaciones desplegados

- **Análisis post-incidente (PIR – Post Incident Review)**: informes detallados que explican la causa raíz del problema, las acciones tomadas y los planes para prevenir su repetición.

 Ejemplo

Durante una interrupción regional, una empresa recibe notificaciones en el portal de Azure Service Health explicando la naturaleza del incidente, el tiempo estimado de resolución y recomendaciones para minimizar el impacto en sus servicios.

C. Herramientas de monitoreo y reporting para generar confianza

La confianza del cliente en la nube se fortalece cuando puede **verificar por sí mismo** que los servicios cumplen los niveles de disponibilidad, rendimiento y seguridad comprometidos. Azure ofrece varias herramientas para ello:

- **Azure Monitor:**
  - Recoge métricas, logs y datos de telemetría de todos los recursos en tiempo real.
  - Permite configurar paneles personalizados y alertas para detectar problemas antes de que afecten al usuario final.
- **Azure Service Health:**
  - Informa del estado actual y pasado de los servicios de Azure.
  - Ofrece notificaciones personalizadas sobre incidencias que impactan en los recursos de un cliente concreto.
- **Azure Advisor:**
  - Analiza la configuración de los recursos y ofrece recomendaciones para mejorar rendimiento, seguridad y optimización de costes.
- **Log Analytics:**
  - Permite consultar y correlacionar registros de actividad de diferentes servicios.
  - Es clave para auditorías y diagnósticos post-incidente.

Ejemplo

Un servicio de streaming puede usar Azure Monitor para recibir alertas cuando el tiempo de respuesta supera los 200 ms, investigando inmediatamente el origen antes de que los usuarios experimenten cortes.

La adopción de Azure ha sido clave para que numerosas organizaciones mejoren su agilidad, reduzcan costes y aumenten su capacidad de innovación.

Algunos ejemplos destacados:

- **Adobe:**
  - o Migró parte de su infraestructura a Azure para aprovechar la escalabilidad global y reforzar la integración con sus servicios en la nube, como Adobe Creative Cloud.
  - o Resultado: reducción en tiempos de despliegue y acceso a nuevas capacidades de IA integradas en Azure.
- **Heathrow Airport (Reino Unido):**
  - o Usa Azure para analizar datos en tiempo real de operaciones aeroportuarias, mejorando la eficiencia en la gestión de vuelos y pasajeros.
  - o Resultado: optimización de recursos y reducción de retrasos operativos.
- **ASOS (retail de moda online):**
  - o Migró su plataforma de e-commerce a Azure para soportar picos de demanda durante campañas de ventas.
  - o Resultado: incremento de disponibilidad al 99,99 % en periodos de alta carga y escalado automático en cuestión de minutos.
- **Medius (soluciones financieras):**
  - o Implementó Azure para gestionar documentos financieros de forma segura, cumpliendo con normativas como ISO 27001 y RGPD.
  - o Resultado: mejora en el cumplimiento regulatorio y reducción del riesgo de filtración de datos.

 Anotación

Estos casos muestran que la migración a Azure no solo se trata de mover infraestructura, sino también de aprovechar servicios avanzados de análisis, inteligencia artificial y automatización para obtener ventajas competitivas.

4. Conocimiento y aplicación de las herramientas de implantación de proyectos cloud computing

La implantación de un proyecto en la nube no consiste únicamente en mover aplicaciones y datos a un entorno virtual. En Azure, un despliegue exitoso implica planificar, diseñar, implementar y optimizar teniendo en cuenta aspectos técnicos, económicos, regulatorios y operativos.

A. Evaluación inicial y planificación

La primera fase consiste en analizar las necesidades de negocio y los requisitos técnicos para determinar la viabilidad y el alcance del proyecto en Azure.

Pasos clave en esta etapa:

1. **Identificación de objetivos:**
   - Qué se quiere lograr: reducción de costes, mejora de rendimiento, escalabilidad, cumplimiento normativo, etc.
   - Establecer métricas de éxito (KPIs) como disponibilidad mínima, tiempo de respuesta o coste mensual objetivo.
2. **Inventario de recursos actuales:**
   - Servidores, aplicaciones, bases de datos y dependencias.
   - Evaluación de compatibilidad con la nube (usando herramientas como **Azure Migrate**).
3. **Análisis de requisitos:**
   - Técnicos: rendimiento, capacidad de almacenamiento, seguridad, conectividad.
   - Legales: ubicación de datos, cumplimiento de normativas sectoriales.
4. **Estimación de costes:**
   - Uso de la **Calculadora de precios de Azure** para simular costes mensuales según el consumo esperado.
   - Evaluación de posibles ahorros con planes de reserva o escalado automático.
5. **Plan de transición:**
   - Definir si la migración será completa, parcial o híbrida.

o   Establecer fases y priorizar cargas críticas.

Una empresa de servicios financieros detecta que su ERP consume demasiados recursos locales. En la evaluación inicial, concluyen que migrar a Azure SQL Database y Azure Virtual Machines reducirá un 40 % el coste de mantenimiento anual.

B. Diseño de arquitectura y selección de servicios

Una vez definidas las necesidades, se diseña la **arquitectura cloud** que soportará el proyecto. En Azure, este diseño debe contemplar **resiliencia, escalabilidad y seguridad** desde el inicio.

Aspectos esenciales en el diseño:

1. **Selección de la región de Azure:**
   o   Elegir la ubicación más cercana a los usuarios para reducir la latencia.
   o   Considerar requisitos legales sobre localización de datos.
2. **Definición de la topología de red:**
   o   Creación de **Azure Virtual Networks** y subredes para aislar entornos (producción, pruebas, desarrollo).
   o   Configuración de firewalls y reglas de seguridad.
3. **Elección de servicios de cómputo:**
   o   IaaS (máquinas virtuales) si se requiere control total.
   o   PaaS (App Service, Azure Functions) si se busca agilidad en despliegues.
4. **Diseño de almacenamiento y bases de datos:**
   o   Azure Blob Storage para archivos no estructurados.
   o   Azure SQL Database o Cosmos DB para datos estructurados.
5. **Alta disponibilidad y recuperación ante desastres:**
   o   Uso de **Availability Zones** y replicación geográfica.
   o   Definición de políticas de backup con Azure Backup.

6. **Seguridad y cumplimiento:**
   o Integrar **Azure Active Directory** para autenticación.
   o Configurar cifrado de datos y control de acceso basado en roles (RBAC).

Anotación

Un buen diseño de arquitectura no solo considera la fase inicial, sino también cómo crecerá y se adaptará el sistema en el futuro.

C. Implementación y configuración

Una vez diseñada la arquitectura, comienza la fase de **creación y ajuste de los recursos** en Azure. Esta etapa debe seguir el plan establecido en la evaluación y el diseño, asegurando que cada componente esté correctamente configurado para cumplir con los requisitos definidos.

Algunos pasos habituales son:

1. **Creación de grupos de recursos** para organizar los servicios relacionados.
2. **Despliegue de la infraestructura**: máquinas virtuales, redes, balanceadores, almacenamiento, bases de datos, etc.
3. **Configuración de conectividad**: VPN Gateway o ExpressRoute para conexión con entornos locales.
4. **Aplicación de políticas de seguridad**: RBAC, cortafuegos, autenticación multifactor, cifrado de discos.
5. **Automatización de despliegues**: uso de **Azure Resource Manager (ARM)**, **Bicep** o **Terraform** para reproducir la configuración.

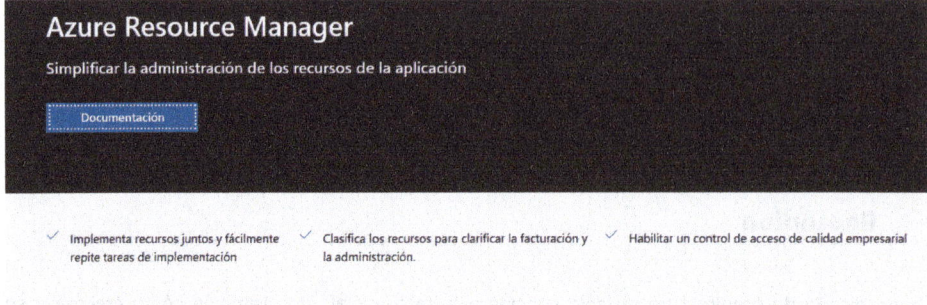

Fig. 9. Azure Resource Manager facilita la implementación conjunta de recursos, la repetición de tareas de despliegue, la clasificación para optimizar la facturación y la administración, y el establecimiento de controles de acceso de nivel empresarial para garantizar la seguridad y la gobernanza

 Ejemplo

Una empresa de comercio electrónico implementa su infraestructura creando un grupo de recursos que incluye un App Service, una base de datos SQL y un Blob Storage, desplegados mediante una plantilla ARM para garantizar coherencia en futuros entornos.

D. Pruebas y optimización

Antes de pasar a producción, es esencial validar que el entorno funciona según lo previsto. Los tipos de pruebas recomendadas son:

- **Pruebas de funcionalidad**: comprobar que las aplicaciones y servicios responden correctamente a las operaciones previstas.
- **Pruebas de carga y rendimiento**: simular picos de uso para verificar la escalabilidad.
- **Pruebas de seguridad**: ejecutar análisis de vulnerabilidades con **Microsoft Defender for Cloud** y aplicar medidas correctivas.
- **Pruebas de recuperación ante fallos**: simular la caída de un servicio y validar el plan de continuidad.

En la optimización posterior:

- Ajustar el tamaño de las máquinas virtuales o planes de servicio para equilibrar rendimiento y coste.
- Configurar **autoscaling** para adaptarse a cambios en la demanda.
- Usar **Azure Advisor** para recibir recomendaciones automáticas de mejoras.

Anotación

Realizar pruebas de rendimiento en entornos idénticos a producción ayuda a detectar problemas antes de que afecten al usuario final.

E. Despliegue y monitorización continua

En esta última fase, el sistema se pone en producción y se establece un **plan de seguimiento permanente** para garantizar su estabilidad y seguridad.

1. Despliegue:

- Migrar datos y aplicaciones desde el entorno local o de pruebas a la infraestructura final.
- Minimizar el tiempo de inactividad con estrategias de despliegue como **Blue/Green** o **Canary Releases**.
- Notificar a los usuarios y partes interesadas sobre el inicio de la operación.

2. Monitorización continua:

- Usar **Azure Monitor** y **Log Analytics** para obtener métricas de uso, alertas y diagnósticos.
- Configurar **Service Health** para recibir avisos sobre incidencias en servicios o regiones.
- Revisar de forma periódica la seguridad y cumplimiento normativo.

3. Mejora continua:

- Analizar métricas y retroalimentación para optimizar recursos.
- Implementar actualizaciones y parches sin afectar la disponibilidad.
- Mantener planes de contingencia revisados y probados.

Un banco que despliega su aplicación de banca online en Azure configura Azure Monitor para recibir alertas si el tiempo de respuesta supera los 300 ms y activa escalado automático en el App Service cuando el uso de CPU supera el 75 %.

En Azure, la creación y gestión de recursos puede realizarse desde interfaces gráficas intuitivas o mediante comandos y scripts automatizados. La elección depende del perfil del usuario, el tipo de proyecto y el nivel de automatización deseado.

El **Azure Portal** es la interfaz web principal para administrar recursos y servicios de Azure. Está accesible desde cualquier navegador en https://portal.azure.com:

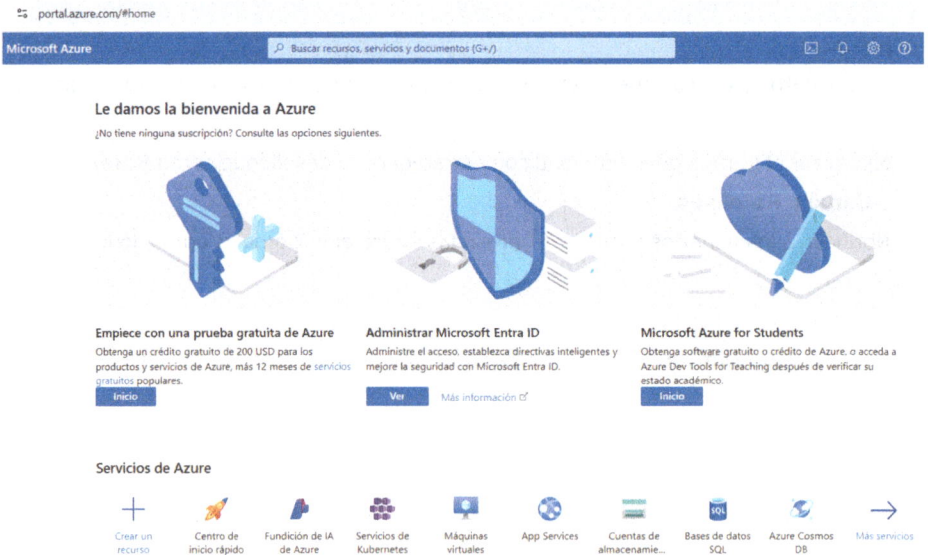

El Azure Portal permite:

- Crear y configurar recursos (máquinas virtuales, bases de datos, redes, etc.) con asistentes guiados.
- Supervisar métricas y alertas en tiempo real.
- Gestionar suscripciones, grupos de recursos y usuarios.
- Integrar servicios de facturación y coste para analizar el gasto mensual.

Una de sus funciones más potentes es la **creación de paneles personalizados**, que permiten:

- Mostrar métricas críticas de varios recursos en una sola vista.
- Incluir gráficos, tablas y mapas de calor.
- Guardar y compartir dashboards con otros miembros del equipo.

Un administrador de TI crea un panel que muestra el uso de CPU de todas las máquinas virtuales, el estado de disponibilidad de la base de datos y el coste acumulado del mes, para revisarlo en la reunión diaria del equipo.

Por otro lado, la **Azure Command-Line Interface (Azure CLI)** es una herramienta multiplataforma (Windows, macOS, Linux) que permite administrar recursos en Azure mediante comandos en una terminal o scripts.

Sus ventajas principales son:

- Automatización de tareas repetitivas como la creación de recursos, actualizaciones o despliegues masivos.
- Ejecución en entornos CI/CD para integrarse con pipelines de desarrollo.
- Compatibilidad multiplataforma, incluyendo Azure Cloud Shell (disponible directamente en el portal web).

Ejemplos de comandos:

- Crear una máquina virtual Linux:

```
az vm create \
  --name ServidorLinux \
  --resource-group GrupoPruebas \
  --image UbuntuLTS \
  --admin-username adminuser \
  --generate-ssh-keys
```

- Listar todos los recursos en un grupo:

```
az resource list --resource-group GrupoPruebas --output table
```

Además, los comandos pueden integrarse en scripts Bash o PowerShell para realizar despliegues consistentes.

Ejemplo

Un equipo DevOps utiliza un script de Azure CLI para desplegar automáticamente una infraestructura completa con 5 máquinas virtuales, un balanceador de carga y almacenamiento configurado, todo en menos de 10 minutos.

Azure DevOps es una plataforma de Microsoft que integra herramientas para planificar, desarrollar, probar, desplegar y mantener aplicaciones y servicios en la nube. Es especialmente útil para proyectos en Azure que adoptan metodologías ágiles y enfoques DevOps.

Mejore la calidad del código y aumente la productividad con Azure DevOps

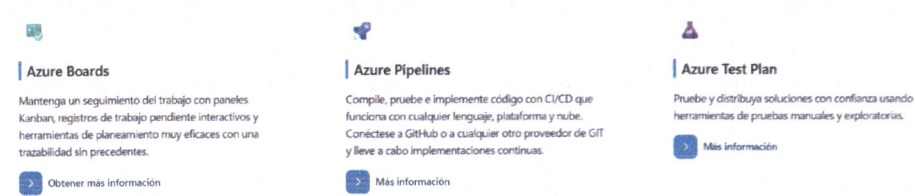

Fig. 10. Azure DevOps ofrece un conjunto de herramientas para mejorar la calidad del código y optimizar la productividad en el desarrollo de software

Sus componentes clave son:

- **Azure Repos**: repositorios Git para gestionar el código fuente.
- **Azure Pipelines**: automatiza la compilación (build) y el despliegue (release) de aplicaciones.
- **Azure Boards**: gestión ágil de tareas y seguimiento de proyectos.
- **Azure Test Plans**: pruebas manuales y automatizadas.

Pipelines CI/CD (Integración Continua / Despliegue Continuo):

- **Integración continua (CI)**: cada vez que un desarrollador sube código, Azure Pipelines compila la aplicación, ejecuta pruebas y valida cambios.
- **Despliegue continuo (CD)**: si las pruebas son satisfactorias, el pipeline despliega automáticamente la aplicación en entornos de prueba o producción.

Ejemplo

Un equipo de desarrollo configura un pipeline que, al recibir cambios en el repositorio Git principal, ejecuta pruebas automatizadas y despliega la última versión de la API en Azure App Service en menos de 5 minutos.

En Azure, la infraestructura se puede definir como código (IaC – *Infrastructure as Code*) para garantizar consistencia, escalabilidad y facilidad de replicación.

- **Plantillas ARM (Azure Resource Manager):**

  o Archivos JSON que describen la infraestructura y configuraciones necesarias para un proyecto.

  o Permiten desplegar entornos idénticos en diferentes suscripciones o regiones.

Introducción

 INICIO RÁPIDO

Creación de plantillas JSON: VS Code

Creación de plantillas JSON: portal

Creación e implementación de
especificaciones de plantillas

 TUTORIAL

Tutoriales de plantillas para principiantes

 CURSOS

Implementación con plantillas de Resource
Manager

- **Bicep:**
  o Lenguaje declarativo simplificado para definir recursos de Azure.
  o Más legible y fácil de mantener que JSON, pero se compila internamente a plantillas ARM.
  o Facilita modularidad y reutilización de código.

Algunas ventajas de usar ARM y Bicep son:

- Despliegues repetibles y coherentes.
- Automatización del aprovisionamiento.
- Reducción de errores humanos.

Un ejemplo sencillo en Bicep sería:

```
resource vm 'Microsoft.Compute/virtualMachines@2021-07-01' = {
  name: 'miVM'
  location: resourceGroup().location
  properties: {
    hardwareProfile: {
      vmSize: 'Standard_B1s'
    }
    storageProfile: {
      imageReference: {
        publisher: 'Canonical'
        offer: 'UbuntuServer'
        sku: '18.04-LTS'
        version: 'latest'
      }
    }
    osProfile: {
      computerName: 'miVM'
      adminUsername: 'azureuser'
      adminPassword: 'ContraseñaSegura123!'
    }
    networkProfile: {
      networkInterfaces: [
        {
          id: nic.id
        }
      ]
    }
  }
}
```

Una vez desplegados los recursos en Azure, la monitorización continua y el mantenimiento preventivo son esenciales para garantizar que la infraestructura funcione de forma segura, eficiente y dentro de los objetivos de rendimiento y coste establecidos. Azure ofrece un ecosistema de herramientas que permiten recopilar métricas, analizar datos y tomar decisiones proactivas.

Azure Monitor es el servicio centralizado de supervisión de Microsoft Azure que recopila métricas, registros y datos de telemetría de todos los recursos, tanto en la nube como en entornos híbridos.

Aumentar el rendimiento con herramientas de supervisión simplificadas

Conclusiones seleccionadas

Obtenga una experiencia de supervisión personalizada en un determinado servicio o conjunto de servicios con una configuración mínima.

Más información

Herramientas de visualización

Observe los datos ingeridos del entorno distribuido en un único panel de cristal.

Más información

Plataforma de datos eficaz

Obtenga una solución de problemas, diagnóstico y análisis más profundos.

Más información

Respuesta de situación crítica

Obtenga alertas casi en tiempo real y capacidad para escalar automáticamente los recursos cuando aumenta la carga.

Más información

Fig. 11. Azure Monitor ofrece supervisión integral con análisis personalizados, visualización unificada de datos, diagnóstico avanzado y alertas en tiempo real para optimizar el rendimiento y la disponibilidad de los recursos

Funciones principales:

- Seguimiento del rendimiento de aplicaciones e infraestructura.
- Análisis de tendencias y detección de anomalías.
- Integración con Azure Alerts para notificaciones automáticas.

Log Analytics, integrado en Azure Monitor, permite:

- Consultar y analizar grandes volúmenes de datos de registro usando el lenguaje Kusto Query Language (KQL).
- Correlacionar eventos entre distintos servicios para investigar incidencias.
- Generar informes personalizados para auditorías y seguridad.

Ejemplo

Un administrador usa Log Analytics para consultar todas las conexiones fallidas a una máquina virtual en las últimas 24 horas, detectando un patrón de intentos desde una misma dirección IP y bloqueándola de inmediato.

La capacidad de visualizar métricas clave y recibir alertas ante eventos críticos es fundamental para la gestión proactiva.

- **Alertas:**
  - o Se pueden configurar para que se activen cuando se superen umbrales definidos (uso de CPU, tiempo de respuesta, latencia, etc.).
  - o Pueden enviar notificaciones por correo, SMS o integrarse con sistemas como Microsoft Teams o PagerDuty.

- *Dashboards* **personalizados:**
  - o Permiten mostrar métricas y gráficos de diferentes servicios en un solo panel.
  - o Se pueden compartir con miembros del equipo o integrarse en salas de control.
  - o Ideales para seguimiento en tiempo real de entornos críticos.

Ejemplo

Una plataforma de e-learning configura un dashboard que muestra el uso de CPU, el tiempo de respuesta de su API y el número de usuarios concurrentes. Además, activa alertas que notifican al equipo si el tiempo de respuesta supera los 500 ms durante más de 5 minutos.

Por otro lado, el escalado automático permite ajustar de forma dinámica la capacidad de los recursos en función de la demanda, evitando el sobreaprovisionamiento y reduciendo gastos.

- **Escalado vertical:** cambiar la configuración de un recurso (por ejemplo, aumentar la RAM de una máquina virtual).
- **Escalado horizontal:** añadir o eliminar instancias (máquinas virtuales, contenedores, etc.) según la carga.
- *Autoscaling* **en Azure App Service o Virtual Machine Scale Sets:** configuraciones predefinidas que reaccionan automáticamente a métricas como el uso de CPU, la memoria o las peticiones por segundo.

Para optimizar costes, Azure ofrece:

- **Azure Cost Management + Billing**: analiza el gasto y recomienda ajustes para ahorrar.
- **Instancias reservadas** y **Spot VMs** para reducir el precio en cargas previsibles o tolerantes a interrupciones.

Anotación

Un sistema bien configurado para escalar automáticamente no solo mejora el rendimiento en picos de carga, sino que también evita pagar por recursos infrautilizados.

Se describen, a continuación, algunos ejemplos prácticos:

A. Despliegue de un entorno de desarrollo en Azure

Un entorno de desarrollo en la nube debe ser **rápido de levantar, reproducible y seguro**, y, a la vez, estar aislado de pre-producción y producción.

Objetivo del ejemplo: un entorno DEV con una API web, base de datos gestionada y observabilidad básica.

Arquitectura mínima recomendada: antes de listar los componentes, conviene visualizar cómo se reparten responsabilidades (aplicación, datos, red y telemetría) para simplificar el mantenimiento:
- **App:** Azure App Service (plan Basic/Standard con slots opcionales).
- **Datos:** Azure SQL Database (Basic/General Purpose) o PostgreSQL Flexible Server.
- **Red:** VNet con subred para App Service (integration) y reglas de acceso a DB.
- **Observabilidad:** Azure Monitor + Log Analytics workspace.
- **CI/CD:** Azure DevOps o GitHub Actions conectados al App Service.

Pasos operativos (resumen):

1. **Grupo de recursos y red:** crear RG rg-dev-app y una **VNet** con subred snet-dev-app.
2. **Base de datos:** aprovisionar **Azure SQL Database** (nivel asequible), activar **firewall**/acceso privado y credenciales seguras.
3. **Aplicación web:** desplegar **App Service** (Linux/Windows según stack), activar **VNet integration** y variables de conexión (Key Vault recomendado).
4. **Observabilidad:** habilitar **Application Insights** y enrutar logs a **Log Analytics**.
5. **CI/CD:** pipeline con build + tests + deploy a slot *staging* y swap a *production* tras validación.
6. **Seguridad mínima viable:** RBAC por entorno, MFA en Azure AD, secretos en **Key Vault**, HTTPS-only.

Anotación

Usa slots (staging/production) para validar en caliente; evita publicar directamente a producción, incluso en DEV compartido.

B. Creación de un sistema de copia de seguridad automatizado

Las copias deben ser periódicas, verificables y recuperables. En Azure, conviene combinar *backup* de infraestructura con políticas por carga (base de datos, archivos, VMs).

Escenario del ejemplo: VM con archivos de aplicación y una base de datos en Azure SQL.
Estrategia de backup: antes de configurar herramientas, es clave fijar objetivos de negocio:

- **RPO (Recovery Point Objective):** 15 min – 1 h para bases de datos; 24 h para archivos.
- **RTO (Recovery Time Objective):** < 2 h para servicios críticos; flexible para DEV.

Implementación:

1. **Azure Backup (VM):**
   - Crear *Recovery Services Vault*.
   - Asociar la VM y aplicar **política diaria** (retención 30 días) + **semanal** (retención 12 semanas).
2. **Azure SQL Database:**
   - Habilitar **copia de seguridad automática** (point-in-time restore hasta 7-35 días según nivel).
   - Para retenciones largas o normativas, activar **Long-Term Retention (LTR)** (meses/años).
3. **Pruebas de restauración:** Agenda mensual de **restore de prueba** en entorno aislado para validar integridad.
4. **Cifrado y claves:** Backups cifrados; gestión de claves en **Key Vault** (propias o administradas por Microsoft).
5. **Alertas:** Configura notificaciones si un job de backup falla o si el *vault* supera cuotas.

Ejemplo

Lunes a viernes backup diario de la VM a las 02:00, retención 30 días; backup SQL con PITR 14 días y LTR trimestral 3 años. Prueba de restauración el primer sábado de cada mes en RG de pruebas.

C. Integración de Azure con aplicaciones locales

La integración híbrida permite **extender** el CPD on-premise hacia la nube manteniendo identidad y datos bajo control.

Objetivo del ejemplo: exponer una API on-premise a un microservicio en Azure sin abrirla a Internet.

Topología propuesta: antes de elegir servicios, delimita el canal seguro y el plano de identidad:

- **Conectividad privada: Site-to-Site VPN** (rápido) o **ExpressRoute** (empresa/alto volumen).

- **Red en Azure: VNet** con subredes por capa (app/datos/servicios).
- **Identidad: Entra ID (Azure AD)** con acceso condicional/MFA y RBAC.
- **Publicación segura: Application Gateway** o **Private Link/Private Endpoint** si aplica.
- **Gobernanza:** Azure Policy para que solo se creen recursos dentro de la VNet aprobada.

Pasos operativos (resumen):

1. **Túnel privado:** configurar **VPN Gateway** en Azure y el **IPSec** en el firewall/edge local.
2. **Resolución DNS:** usar **Azure Private DNS** para nombres internos de servicios PaaS (Private Endpoints).
3. **Acceso a datos PaaS:** exponer **Azure SQL / Storage** vía **Private Endpoint**; bloquear acceso público.
4. **Tráfico de app:** desplegar microservicio en **AKS** o **App Service** con integración a VNet; llamadas a API on-premise por la VPN.
5. **Seguridad:** reglas NSG mínimas, **Managed Identity** para que los servicios de Azure accedan a recursos (Key Vault, SQL) sin secretos en código.
6. **Observabilidad unificada:** enviar logs de ambos lados a **Log Analytics** con *Azure Arc* para servidores locales.

Ejemplo

Un ERP local expone un endpoint interno consumido por un proceso en Azure Functions. La función corre en plan Premium con VNet Integration, resuelve el host del ERP por Private DNS, autentica con Managed Identity y persiste resultados en Storage por Private Endpoint (sin IP pública).

D. Checklist de verificación rápida (aplicable a los tres escenarios)

Antes de cerrar, resulta útil disponer de una lista de control compacta para validar que no se han omitido básicos críticos:

- **Seguridad:** MFA en Entra ID, RBAC por entorno, secretos en Key Vault, HTTPS-only.
- **Red:** VNet/subredes, NSG, endpoints privados cuando sea posible.
- **Datos:** cifrado en tránsito y reposo, políticas de retención, etiquetado (tags) de sensibilidad.
- **Coste:** Cost Management + presupuestos/alertas, tamaños adecuados, *auto-scale* y reservas.
- **Ops:** Monitor + Alerts, dashboards compartidos, pruebas periódicas de backup/restore.
- **IaC:** plantillas **Bicep/ARM** o Terraform para reproducibilidad.

Resumen

La computación en la nube es un modelo de provisión de recursos de TI bajo demanda, accesibles a través de internet, que permite a las organizaciones desplegar, escalar y mantener servicios sin invertir en infraestructura física propia. A diferencia de los entornos on-premise, donde la empresa se encarga del hardware, el software y la seguridad, la nube ofrece un modelo flexible con diferentes grados de gestión según el tipo de servicio. Microsoft Azure es uno de los principales proveedores del mercado, junto con AWS y Google Cloud, destacando por su red global de centros de datos y una amplia gama de servicios.

En la arquitectura de Azure, la base está compuesta por centros de datos interconectados mediante redes de alta velocidad, hardware escalable y sistemas de almacenamiento redundantes. La virtualización y el uso de contenedores permiten aprovisionar recursos de forma rápida y eficiente. Los componentes clave incluyen servicios de cómputo (máquinas virtuales, Azure Functions, App Services), almacenamiento (Blob, Disk y File Storage), redes (Virtual Network, Load Balancer, VPN Gateway, ExpressRoute) y bases de datos (Azure SQL Database, Cosmos DB, PostgreSQL/MySQL gestionados). La gestión de estos recursos se realiza a través de herramientas como Azure Portal, Azure CLI, PowerShell y Azure Resource Manager, con soporte para automatización mediante plantillas ARM o Bicep.

Los modelos de servicio en la nube se dividen en IaaS, donde el cliente gestiona el sistema operativo y las aplicaciones; PaaS, en el que el proveedor administra la infraestructura y el usuario se centra en el desarrollo; y SaaS, donde las aplicaciones se consumen directamente como servicio. Elegir entre ellos depende de factores como el control necesario, la velocidad de despliegue, los costes y la escalabilidad.

La seguridad en Azure se apoya en principios como Zero Trust, el control de acceso basado en roles (RBAC) y la protección de datos mediante cifrado en tránsito y reposo. Las herramientas nativas como Microsoft Defender for Cloud y Azure Security Center permiten evaluar riesgos y aplicar medidas preventivas. En materia de privacidad, Azure integra políticas de retención de datos, anonimización, pseudonimización y gestión del consentimiento, asegurando el cumplimiento de normativas como el RGPD. Además, dispone de certificaciones como ISO 27001, ISO 27701, FedRAMP, SOC y HIPAA, lo que refuerza la confianza de las empresas en sus servicios. Los acuerdos de nivel de servicio (SLA) establecen compromisos de disponibilidad, mientras que la transparencia en la gestión de incidencias y las herramientas de monitoreo consolidan esa confianza.

La implantación de un proyecto en Azure sigue fases claras: evaluación y planificación, diseño de arquitectura, implementación y configuración, pruebas y optimización, y despliegue con monitorización continua. Las herramientas de implementación incluyen Azure Portal, CLI, scripts, Azure DevOps y plantillas ARM/Bicep para asegurar reproducibilidad. La monitorización se realiza con Azure Monitor y Log Analytics, mientras que las alertas y dashboards personalizados facilitan la supervisión en tiempo real. El escalado automático y la optimización de costes son esenciales para mantener la eficiencia operativa.

Finalmente, los casos prácticos muestran cómo Azure se adapta a múltiples escenarios: desde el despliegue de un entorno de desarrollo, la configuración de copias de seguridad automáticas, hasta la integración de aplicaciones locales con la nube mediante redes privadas. Estos ejemplos ilustran que, con la arquitectura, las herramientas y las políticas adecuadas, Azure permite crear soluciones seguras, escalables y alineadas con los objetivos de negocio.

Glosario

Alta disponibilidad (High Availability)

Capacidad de un sistema o servicio para permanecer operativo con interrupciones mínimas, incluso ante fallos de hardware o software.

Ancho de banda

Cantidad de datos que pueden transmitirse a través de una red en un tiempo determinado, normalmente medido en Mbps o Gbps.

API (Application Programming Interface)

Conjunto de reglas y definiciones que permite que aplicaciones o servicios interactúen entre sí.

App Service

Servicio PaaS de Azure que permite alojar y escalar aplicaciones web, APIs y backends móviles.

ARM (Azure Resource Manager)

Mecanismo de despliegue y administración de recursos en Azure que utiliza plantillas en formato JSON para definir la infraestructura.

Autoscaling

Capacidad de un servicio en la nube para aumentar o reducir automáticamente los recursos asignados según la demanda.

Azure CLI

Herramienta de línea de comandos multiplataforma para gestionar recursos de Azure mediante scripts y comandos.

Azure DevOps

Plataforma de colaboración y automatización de procesos de desarrollo que integra repositorios, pipelines, tableros ágiles y herramientas de prueba.

Azure Functions

Servicio de computación serverless de Azure que ejecuta código bajo demanda, cobrando solo por el tiempo de ejecución.

Azure Monitor

Servicio centralizado para recopilar, analizar y actuar sobre métricas y registros de recursos en Azure.

Azure Resource Group (RG)

Contenedor lógico que agrupa recursos relacionados para facilitar su administración.

Azure SQL Database

Base de datos relacional como servicio (PaaS) totalmente gestionada y escalable, compatible con SQL Server.

Backup (copia de seguridad)

Proceso de duplicar datos o configuraciones para restaurarlos en caso de pérdida o daño.

Bicep

Lenguaje declarativo simplificado para describir y desplegar recursos de Azure como código, compilado internamente a ARM.

Blob Storage

Servicio de almacenamiento de objetos de Azure para datos no estructurados como imágenes, vídeos o documentos.

Cloud Computing (Computación en la nube)

Modelo de prestación de servicios de TI a través de internet, proporcionando recursos bajo demanda.

Cosmos DB

Base de datos NoSQL globalmente distribuida y escalable, con múltiples modelos de consistencia y APIs.

DevOps: Metodología que integra desarrollo de software (Dev) y operaciones de TI (Ops) para mejorar la colaboración, automatizar procesos y acelerar despliegues.

ExpressRoute

Conexión privada dedicada entre las instalaciones locales y Azure, sin pasar por internet público.

IaaS (Infrastructure as a Service)

Modelo de servicio en la nube que proporciona infraestructura virtualizada (máquinas virtuales, redes, almacenamiento) gestionada por el proveedor.

Key Vault

Servicio seguro para almacenar y gestionar secretos, claves y certificados.

Load Balancer

Recurso que distribuye el tráfico entrante entre múltiples instancias de un servicio o aplicación para mejorar rendimiento y disponibilidad.

Log Analytics

Herramienta de Azure para consultar, analizar y visualizar datos de registro mediante el lenguaje KQL (Kusto Query Language).

MFA (Multi-Factor Authentication)

Método de autenticación que requiere dos o más factores para verificar la identidad de un usuario.

PaaS (Platform as a Service)

Modelo en el que el proveedor de nube gestiona la infraestructura y las herramientas de desarrollo, permitiendo al usuario centrarse en el código y la lógica de negocio.

RBAC (Role-Based Access Control)

Sistema de control de acceso que asigna permisos a los usuarios en función de roles predefinidos o personalizados.

SaaS (Software as a Service)

Modelo en el que las aplicaciones se entregan y gestionan completamente desde la nube, accesibles a través de un navegador o cliente.

SLA (Service Level Agreement)

Acuerdo contractual que define el nivel de servicio garantizado, incluyendo métricas como disponibilidad y tiempo de respuesta.

TLS (Transport Layer Security)

Protocolo criptográfico que asegura la transmisión de datos cifrados entre cliente y servidor.

VNet (Virtual Network)

Red virtual en Azure que permite la comunicación segura entre recursos y con redes locales.

VPN Gateway

Servicio que permite establecer conexiones seguras entre una red local y Azure a través de una VPN.

Zero Trust

Modelo de seguridad que asume que ninguna entidad, interna o externa, es de confianza por defecto, y requiere autenticación y autorización continua.

Ejercicios de autoevaluación

1. **El principio de privacidad por diseño implica:**

    a. Cumplir solo la normativa aplicable.
    b. Integrar la protección de datos desde el inicio del proyecto.
    c. Usar solo datos públicos.
    d. Subcontratar la seguridad a un tercero.

2. **¿Qué herramienta de Azure permite gestionar políticas de retención y cumplimiento normativo?**

    a. Azure Compliance Manager.
    b. Azure DevOps.
    c. Azure CLI.
    d. Azure Monitor.

3. **¿Qué certificación de seguridad es específica del ámbito sanitario en EE.UU.?**

    a. SOC 2.
    b. FedRAMP.
    c. ISO 27001.
    d. HIPAA.

4. **Un SLA del 99,9% significa que:**

    a. No habrá cortes de servicio nunca.
    b. El proveedor garantiza un servicio gratuito.
    c. El tiempo máximo de inactividad anual será de unas 8,76 horas.
    d. Solo se aplica en entornos de prueba.

5. ¿Qué servicio de Azure recopila métricas y registros para su análisis centralizado?

a. Azure Arc.

b. Azure Monitor.

c. Azure Pipelines.

d. Azure Policy.

6. ¿Qué funcionalidad permite aumentar o reducir automáticamente la capacidad de un recurso en función de la demanda?

a. Load Balancing.

b. Failover.

c. Autoscaling.

d. Peering.

7. ¿Qué servicio de Azure permite planificar, compilar y desplegar aplicaciones automáticamente con CI/CD?

a. Azure Arc.

b. Azure Policy.

c. Azure DevOps.

d. Azure Backup.

8. ¿Cuál es la principal ventaja de las plantillas Bicep frente a ARM en JSON?

a. Mayor seguridad.

b. Sintaxis más sencilla y legible.

c. Son obligatorias para PaaS.

d. Se ejecutan más rápido.

9. **¿Qué servicio de Azure se recomienda para crear copias de seguridad automatizadas de máquinas virtuales?**

  a. Azure Backup.
  b. Azure Monitor.
  c. Azure Security Center.
  d. Azure Policy.

10.¿Qué tipo de conexión permite integrar de forma privada redes locales con Azure sin pasar por internet público?

  1. VPN punto a punto.
  2. Site-to-Site VPN.
  3. NAT Gateway.
  4. ExpressRoute.

Aplicaciones prácticas

Aplicación práctica. 1. Modelos de servicio de Azure

Módulo 1. Microsoft Azure

Una empresa de desarrollo de software está migrando parte de sus servicios a Microsoft Azure. Necesita identificar qué modelo de servicio (IaaS, PaaS o SaaS) es más adecuado para cada necesidad que han detectado.

Completa la siguiente tabla indicando el modelo de servicio de Azure más apropiado para cada escenario.

Escenario	Modelo de servicio recomendado	Justificación breve
Desplegar máquinas virtuales para ejecutar aplicaciones personalizadas.		
Usar una base de datos gestionada que no requiera administración de parches.		
Utilizar Microsoft Teams para videoconferencias.		
Desarrollar y alojar una API sin gestionar la infraestructura.		

Aplicación práctica. 2. Aplicación de medidas de seguridad

Módulo 1. Microsoft Azure

Una pyme de logística ha decidido mover parte de su sistema de gestión a Azure, pero quiere garantizar la seguridad y el cumplimiento normativo. El equipo de TI ha identificado los siguientes problemas:

1. Los empleados usan contraseñas débiles para acceder al portal de gestión.
2. No hay control de quién accede a qué datos dentro de Azure.
3. Los datos sensibles de clientes se transmiten sin cifrado.
4. No existe un registro de auditoría para saber quién accede a la información.

Indica qué soluciones nativas de Azure aplicarías a cada problema y cómo se implementarían.

Aplicación práctica. 3. Soluciones de rendimiento, despliegue y disponibilidad

Módulo 1. Microsoft Azure

Un *startup* de análisis de datos quiere optimizar su infraestructura en Azure. Tienen tres objetivos: reducir costes, mejorar la disponibilidad y aumentar la velocidad de despliegue de nuevas versiones de su aplicación.

Escenarios:

1. La aplicación tiene picos de uso muy altos los fines de semana y bajo uso entre semana.
2. El equipo de desarrollo necesita implementar cambios de código rápidamente, con despliegues automatizados.
3. El servicio debe estar disponible con un tiempo de inactividad mínimo incluso en caso de fallo de un centro de datos.

Elige la solución más adecuada para cada escenario entre las siguientes opciones:

- Azure DevOps con pipelines de CI/CD
- Escalado automático con Virtual Machine Scale Sets
- Configuración de disponibilidad geográfica y replicación de datos
- Azure Functions con ejecución bajo demanda

Aplicación práctica. 4. Diagnóstico y resolución de incidencias

Módulo 1. Microsoft Azure

Una empresa de comercio electrónico ha desplegado una aplicación web en Azure App Service, pero detecta los siguientes problemas:

- El tiempo de respuesta es muy alto en horas punta.
- Algunos usuarios no pueden acceder a ciertas funciones por falta de permisos.
- El coste mensual ha aumentado mucho en el último trimestre.
- No reciben avisos cuando el rendimiento baja.

Analiza la situación y propone una acción correctiva específica para cada problema, usando servicios o configuraciones de Azure.

Ejercicio de evaluación final

1. ¿Cuál de las siguientes características define mejor la computación en la nube?

    a. Ejecutar aplicaciones sin conexión a internet.

    b. Provisión bajo demanda de recursos de TI a través de internet.

    c. Uso exclusivo de software local.

    d. Servidores dedicados en la empresa.

2. En un modelo on-premise, ¿quién es responsable del mantenimiento físico de los servidores?

    a. La propia organización.

    b. El proveedor de nube.

    c. El fabricante de hardware.

    d. Microsoft.

3. ¿Cuál es uno de los principales competidores de Microsoft Azure en el mercado de la nube?

    a. Oracle DB.

    b. Cisco Cloud.

    c. Amazon Web Services (AWS).

    d. Red Hat.

4. Los centros de datos de Azure están distribuidos globalmente para:

    a. Ahorrar en costes de hardware.

    b. Centralizar todos los servicios en un solo país.

    c. Evitar el uso de redes privadas.

    d. Mejorar disponibilidad, redundancia y latencia.

5. ¿Qué recurso de Azure permite segmentar una red virtual?

a. Blob Storage.

b. Subred.

c. Resource Group.

d. Load Balancer.

6. ¿Cuál de los siguientes es un servicio de cómputo en Azure?

a. Azure Functions.

b. Azure Blob Storage.

c. Azure SQL Database.

d. Azure DevOps.

7. ¿Qué tipo de almacenamiento es ideal para archivos no estructurados como imágenes o vídeos?

a. Disk Storage.

b. Blob Storage.

c. File Storage.

d. Table Storage.

8. ¿Cuál de los siguientes servicios permite conectar redes locales a Azure a través de internet de forma segura?

a. Azure Firewall.

b. VPN Gateway.

c. App Service.

d. Express Compute.

9. ¿Qué base de datos de Azure es NoSQL y globalmente distribuida?

    a. Azure SQL Database.

    b. Cosmos DB.

    c. Database for PostgreSQL.

    d. Blob Storage.

10. ¿Qué herramienta permite gestionar Azure desde una interfaz web gráfica?

    a. Azure Portal.

    b. Azure CLI.

    c. Azure PowerShell.

    d. Azure DevOps

11. ¿Cuál es la ventaja principal de usar Azure CLI?

    a. Solo funciona en Windows.

    b. Reduce el coste de suscripción.

    c. Es la única forma de crear máquinas virtuales.

    d. Permite automatizar tareas mediante comandos y scripts.

12. ¿Qué servicio de Azure permite gestionar recursos como código declarativo en formato JSON?

    a. Azure CLI.

    b. Azure Resource Manager (ARM).

    c. Azure Pipelines.

    d. Azure Functions.

13. ¿En qué modelo de servicio cloud el cliente gestiona totalmente el sistema operativo y las aplicaciones?

a. SaaS.

b. IaaS.

c. PaaS.

d. FaaS.

14. ¿Qué servicio de Azure es un ejemplo de PaaS?

a. Máquinas virtuales.

b. Blob Storage.

c. Azure App Service.

d. VPN Gateway.

15. ¿Qué servicio de Microsoft 365 es un ejemplo de SaaS integrado con Azure?

a. Azure Functions.

b. Power BI.

c. Azure SQL Database.

d. AKS.

16. Si una empresa busca máximo control y personalización de la infraestructura, el modelo recomendado es:

a. SaaS.

b. PaaS.

c. IaaS.

d. FaaS.

17. ¿Qué principio de seguridad en la nube parte de la idea de "no confiar en nadie por defecto"?

a. DevSecOps.

b. Zero Trust.

c. Defense in Depth.

d. MFA.

18. ¿Qué herramienta nativa de Azure permite supervisar el estado de seguridad de los recursos y recibir recomendaciones?

a. Azure Monitor.

b. Microsoft Defender for Cloud.

c. Azure CLI.

d. Azure Arc.

19. El RBAC en Azure sirve para:

a. Cifrar datos en reposo.

b. Crear máquinas virtuales.

c. Realizar *backups* automáticos.

d. Controlar el acceso a recursos según roles asignados.

20. ¿Cuál de los siguientes es un protocolo para cifrar datos en tránsito?

a. TLS.

b. FTP.

c. SMB.

d. JSON.

Ejercicio de evaluación final

Solucionario

Módulo 1. Microsoft Azure

1. b

2. a

3. d

4. c

5. b

6. c

7. c

8. b

9. a

10. d

Bibliografía

Webgrafía

Azure Cloud Services
https://azure.microsoft.com/es-es/products/cloud-services/

Azure Load Balancer
https://azure.microsoft.com/es-es/products/load-balancer/

Cumplimiento de Azure
https://azure.microsoft.com/es-es/explore/trusted-cloud/compliance

IaaS, PaaS y SaaS: Qué son, ejemplos y diferencias
https://www.cloudcenterandalucia.es/blog/iaas-paas-y-saas-que-son-ejemplos-y-diferencias/

Implementación de *cloud computing*
https://www.ticportal.es/temas/cloud-computing/implementacion-cloud-computing

Información general: aplicación de principios de confianza cero a IaaS de Azure
https://learn.microsoft.com/es-es/security/zero-trust/azure-infrastructure-overview

Inicio rápido: creación de plantillas de ARM mediante Visual Studio Code
https://learn.microsoft.com/es-es/azure/azure-resource-manager/templates/quickstart-create-templates-use-visual-studio-code?tabs=CLI

Introducción a Log Analytics en Azure Monitor
https://learn.microsoft.com/es-es/azure/azure-monitor/logs/log-analytics-overview?tabs=simple

Microsoft Azure. Aplicaciones, servicios e infraestructuras en la nube

https://www.prodwaregroup.com/es-es/soluciones/microsoft-azure/

Privacidad en Azure

https://azure.microsoft.com/es-es/explore/trusted-cloud/privacy

¿Qué es bicep?

https://learn.microsoft.com/es-es/azure/azure-resource-Manager/bicep/overview?tabs=bicep

¿Qué es la virtualización en la nube?

https://payproglobal.com/es/respuestas/que-es-la-virtualizacion-en-la-nube/

¿Qué es un modelo de servicio en la nube?

https://payproglobal.com/es/respuestas/que-es-el-modelo-de-servicio-en-la-nube/

Seguridad de confianza cero

https://learn.microsoft.com/es-es/azure/security/fundamentals/zero-trust